庭审制胜

赢得诉讼的关键细节

金翼翔　韩振文　马相龙 ◎ 主编

人民日报出版社
北 京

图书在版编目（CIP）数据

庭审制胜 / 金翼翔，韩振文，马相龙主编 . -- 北京：人民日报出版社，2024. 11. -- ISBN 978-7-5115-8472-4

Ⅰ. D925.04

中国国家版本馆 CIP 数据核字第 2024XP5995 号

书　　名：庭审制胜
　　　　　TINGSHEN ZHISHENG
作　　者：金翼翔　韩振文　马相龙

出 版 人：刘华新
责任编辑：周海燕
装帧设计：元泰书装

出版发行：人民日报出版社
社　　址：北京金台西路 2 号
邮政编码：100733
发行热线：（010）65369509　65369512　65363531　65363528
邮购热线：（010）65369530　65363527
编辑热线：（010）65369518
网　　址：www.peopledailypress.com
经　　销：新华书店
印　　刷：三河市嘉科万达彩色印刷有限公司
法律顾问：北京科宇律师事务所　（010）83622312

开　　本：710mm × 1000mm　1/16
字　　数：280 千字
印　　张：19.25
版　　次：2025 年 3 月第 1 版
印　　次：2025 年 3 月第 1 次印刷

书　　号：ISBN 978-7-5115-8472-4
定　　价：98.00 元

如有印装质量问题，请与本社调换，电话（010）65369463

山东政法学院法庭科学研究院研究成果

2024年度国家社科基金一般项目

《智能预判的技术性正当程序控制研究》（24BFX036）

主　编

金翼翔　韩振文　马相龙

副主编

李学博　吴建华　方　涧　李　毅

单明志　李威逵　沈鑫奕

作者简介

主编

金翼翔，北京师范大学刑事法律科学研究院博士，现于成都大学法学院任教。

韩振文，浙江工商大学法学院副教授，浙江工商大学诉讼法研究所执行所长。

马相龙，上海迪伦律师事务所律师。

副主编

李学博，教授，山东政法学院司法鉴定中心主任，法庭科学研究院院长。

吴建华，山东嘉锐律师事务所副主任，合伙人。

方洄，浙江工商大学法学院副教授，浙江工商大学“西湖学者计划”优秀青年人才。

李毅，北京华允律师事务所主任。

单明志，山东盈公律师事务所主任。

李威達，河北高阶律师事务所律师。

沈鑫奕，浙江工商大学法学院诉讼法硕士。

序言

错案的数量多寡和严重程度是衡量一个国家司法文明的风向标。错案的发生与发现往往与证据有关。近年来，部分冤假错案被曝光、纠正，让相关办案部门和执法人员处于尴尬被动的位置，科学证据的质量也时而受到质疑，全面推动依法治国任重而道远。错案的发生，一方面使无辜公民成为受害者，酿成了司法悲剧；另一方面，也向既有的诉讼程序和证据制度不断提出改革的呼声。随着科技的进步，案件涉及的专门性问题数量和难度也迅速上升，对相关证据鉴识的要求也越来越高。在以审判为中心的诉讼制度改革背景下，科学证据也有了更高的要求。实践证明，完善庭审质证是避免错案的有效方式。多年来研究人员和实务工作者一直致力于法学理论与证据鉴识的深度融合，《庭审制胜》就是这类成果的一次探索和展示。

《庭审制胜》一书的内容不仅以法学理论和诉讼实践为基础，还广泛涉及社会学、心理学、司法鉴定乃至刑事侦查等多个领域，使得在分析法律问题时能够跳出传统的法律条文解读，从更多元化的视角进行剖析，为读者提供了一个更为立体、全面的分析框架。所选取的案例均来源于真实的法律实践，这些案例不仅具有代表性，而且极具启发性。通过对这些案例的深入剖析，读者可以更加清晰地理解法律知识在实践中的运用，以及在实际操作中如何权衡法律的刚性与灵活性。对于法学专业人才和律师而言，尤其是初入行业的青年律师来说，其指导和参考意义不言而喻。更重要的是，它教会了我们如何在复杂多变的法律环境中保持清晰的法律思维，如何在法律实践中不断锤炼自己的专业技能。对于律师而言，这本书无疑是一把钥匙，能够打开通向更高法律境界的大门。

法庭科学作为一门综合性的应用科学，旨在通过科学技术手段为司法活动提供科学支持。本书稿在探讨法律问题时，充分体现了科学证据鉴识思维，使得法律分析更加精准、深入。同时，书稿中的案例研究和理论分析，也为法庭科学的发展提供了思路借鉴。

值得一提的是，本书特别注意到了法律与道德的相互关系，这在当前的法学研究中是难能可贵的。法律不是孤立的，它与社会的道德观念、文化背景紧密相连。作者在分析法律案例时，不仅从法律条文本身出发，还充分考虑了社会道德和公众情感，这使得本书不仅具有法律专业价值，更具有广泛的社会意义。

还要强调的是，这部书稿的语言表达也极具特色。作者以平实、流畅的行文风格，将复杂的法律问题娓娓道来，使得即使是法学初学者也能轻松理解、快速上手。这种深入浅出的表达方式，无疑会吸引更多的读者走进法学的殿堂，感受法学的魅力。我相信，这本书的出版将会对法学研究、法律教育和法律实务产生一定的影响，为推动中国法学事业的发展做出一份贡献。

在这个变革的时代，法律人需要不断地学习、探索和创新。我衷心希望，该书能够成为法律人前行路上的一盏明灯，照亮我们追求法律真理、实现社会公平正义的道路。

是为序。

李学博

2024年8月

前言

在当下法治社会，法律实务的复杂性和多样性日益凸显。我们深知，法律实务界与法学理论界之间存在着一定差别。实务工作者往往忙于应对繁重的案件压力，而理论研究者则可能过于沉浸在学术的象牙塔中。因此，我们创作的初衷，就是希望打破这种隔阂，将法学理论与法律实务紧密结合，为法律人提供一本既具有理论深度又富有实践指导意义的参考用书。

这部书涵盖了广泛的法律领域，包括但不限于刑事法律、民事法律、行政法律等。我们通过精选大量真实的法律案例，结合最新的法学研究成果，对各法律领域进行了深入剖析。同时，还特别关注法律实务中的热点问题和新兴领域，希望为读者提供全面而前沿的法律知识。

在内容编排上，我们注重理论与实践的结合。每一章节先对相关法律理论进行简要介绍，然后通过分析真实案例，展示理论在实践中的运用。此外，针对法律实务中常见的问题和难点，书中提供了一些解决方案和操作建议。

对于法学专业人才而言，本书不仅提供了丰富的法律知识，更重要的是，它教会了读者如何将理论知识转化为实践能力。通过阅读本书，法学专业的学生和实务工作者可以更加深入地了解法律实务的运作机制，为将来的职业生涯打下坚实的基础。

律师作为法律实务的主力军，需要不断提升自身的专业素养和实务能力。本书通过真实的案例分析和实务指南，为律师提供了宝贵的经验和启示。无论是初入职场的新手律师，还是经验丰富的资深律师，都能从本书中获得有益的指导和帮助。

法庭科学是研究在诉讼活动中涉及的专门性问题的一门科学，对于法律实务具有重要的支撑作用。在本书中，我们还以法庭科学的视角，为读者提供了更加精准、科学的法律分析。同时，结合法律实务的需求，对法庭科学相关应用领域进行探讨。

我们衷心希望，本书能够成为法学理论界和法律实务界的一座桥梁，为推动中国的法治建设贡献一份力量。我们期望，通过本书的出版，能够激励法学专业人才持续探索与实践，提升庭审技能，促进我国法治进步，让法律的光芒照亮每一个角落，温暖每一颗寻求正义的心。由于我们的水平和视野有限，书中难免存在不足之处，恳请广大读者批评指正。在未来的日子里，我们将继续关注法学研究与法律实务的最新动态，不断完善和更新，以期更好地服务于读者和社会。

目录

第一章 全方位庭审技能体系办案理念
——以道驭术以术得道

第二章 庭前的全面准备
——庭审制胜之基

第三章　审前准备程序之战
——先声夺人

第四章　对法官的选择
——回避也许是最好的选择

第五章　发问在司法鉴定方面的应用
——一场诉讼的终局之战

第六章　庭审发问的基本原理与技能（一）——做好发问前的一切准备

第七章　庭审发问的基本原理与技能（二）——庭审是最有趣最精彩的环节

第一章

全方位庭审技能体系办案理念

——以道驭术以术得道

全方位庭审技能体系，应当以庭审为中心，以发问权为核心，以阳明心学为哲学基础，以程序性事项影响庭审进程以及裁判结果，以道驭术以术得道。当下司法制度并不完善，我们不能等待，我们应当不断探索和完善全方位庭审技能，才能在个案中实现公平正义。作为律师，有情怀、有社会责任、有法律信仰，这是内在的良好品格，要想真正实现个案正义，需要掌握全方位的庭审技能。相当一部分诉讼律师，是听从法槌的指挥来展开一系列诉讼活动，对法院的程序性设置很少提出反对意见，庭审的进程、节奏全部由法官掌控。在全方位庭审技能体系理念指导下，诉讼律师要有驾驭庭审的能力，运用程序性异议权和回避程序对庭审形成有效制动，运用程序性事项影响庭审进程以及裁判结果，对审判权进行有效监督，从而实现个案公平正义。

第一节　全方位庭审技能体系办案理念的提出

张蠙《吊万人冢》诗云：可怜白骨攒孤冢，尽为将军觅战功。

当接到案件胜诉的裁判文书，喜悦只是一瞬间，而遭遇不应败诉而败诉的案子，那种痛苦却是长久的，甚至是刻骨铭心的。所谓经验的背后，是对成功与失败案例的总结与提炼。全方位庭审技能体系办案理念的提出源自对中国庭审实战的观察、探索和践行，希望这套办案模式对诉讼律师有借鉴作用。那么，为什么要提出全方位庭审技能办案理念呢？这就需要从2014年有意识关注发问权谈起，大体可以分三个阶段。

第一个阶段：探索当事人发问权

2014年在一起民间借贷纠纷中笔者惊奇地发现发问的魅力，然而又在另一起建设工程施工合同案件中遭遇发问权障碍，法官剥夺律师的发问权，导致案件败诉，于是走向探索当事人发问权之路。2020年5月，《当事人发问权理论与实务研究》一书出版，这是这一阶段的探索成果。

第二个阶段：探索当事人发问权制度

第一本书出版后，开始思考当事人发问权制度，由当事人发问权这个点到当事人发问权制度，试图构建当事人发问权制度体系。2023年4月，《当事人发问权制度探析》一书出版，这是第二阶段的探索成果。

第三个阶段：全方位庭审技能体系逐渐形成和完善

律师的法律信仰、情怀、社会责任固然重要，但因受制于各种因素，这需要律师掌握更多的庭审技能才能真正挽救当事人于水火之中。

2021年一起委托合同二审案件对笔者触动极大，一审判决我方胜诉，二审法官低头审理五分钟，然后撤销一审判决，驳回全部诉讼请求。此案促使笔者对程序性事项对庭审进程以及裁判结果的影响的探索，这也是全方位庭审技能体系的重要内容。

2022年曾与青年律师分享《民事程序性事项对裁判结果的影响》这一主题内容。后经过进一步思考、践行，逐步形成了全方位民事庭审技能体系的概念。对这套办案模式进行了修正和完善：第一，这套办案模式，不仅仅适用民事诉讼，而且可以适用于刑事、行政诉讼；第二，程序性事项对庭审进程产生影响，从而影响裁判结果，这两者有必要的联系；第三，一切庭前准备是为了达到“能战”的目标，这就需要以庭审为中心，这也契合当下庭审实质化改革的要求。

所谓全方位庭审技能体系，应当以庭审为中心，以发问权为核心，以阳明心学为哲学基础，以程序性事项影响庭审进程以及裁判结果，以道驭术以术得道。

全方位庭审技能体系，包括四个方面的内容：（1）以庭审为中心。诉讼程序的启动、庭前材料的全面收集和准备、审前准备以及开庭方案和提纲的设计等诉讼活动，均是以庭审为中心，将一切问题解决在法庭上，对裁判结果有理性、合理的预判。（2）以发问权为核心。发问，是最有效的举证质证方法，也是最有效的辩论方式，笔者经常用“看得见摸得着”来形容发问的作用。发问，可以贯穿整个庭审程序。因此，以发问为核心，这是庭审实质化的内在要求，也是律师庭审技能的密码。（3）以阳明心学为哲学基础。一切庭审活动，实质上也有心战。研习阳明心学可以涵养法律信仰，提升庭审技能，对诉讼活动提供有效指导，这是实现“以道驭术以术得道”的路径。（4）以程序性事项保障诉讼权利、影响庭审进程以及裁判结果。在当下，当事人和律师的诉讼权利被剥夺和限制的情况时有发生，比如法官限制律师的发问，如果通过沟通无果，那么启动回避程序就是最后的保障措施。当你以发问作为探知案件真相的突破口，那么你需要向法院申请到庭令、请求法院责令当事人签署诚信诉讼保证书，但为了实现这一诉求，还要打程序组合拳，对庭审程序、审判组织等提出异议，并做好启动回避程序的预案，可以通过影响庭审进程以充分保障诉讼权利，从而影响裁判结果。

全方位庭审技能体系的内容，包括但不限于上述四个方面，笔者只是提出一种办案模式。随着探索和思考的深入，这一模式在实践中会逐渐完善和成熟。“人心惟危，道心惟微”，以道驭术以术得道，这是诉讼律师践行的目标。

那么提出这一办案模式的必要性和重要性何在？

第一，实现个案公平正义的内在要求。

不可否认，当下诉讼制度并不完善，审判人员的司法理念有待进一步提高，私权利对公权力的监督力度不够，难免出现冤假错案。司法的公平正义需要法官的公正裁决，也需要充分发挥律师的辩护作用。发问，是发现事实真相的最有效的装置，但有部分律师并不重视发问技能的提升及应用，原因是多方面的，其中一个方面就是法官有时会剥夺或者限制当事人庭审发问。比如在民事庭审中，法官认为当事人发问没有法律依据。

第二，防止突袭性裁判，预防司法腐败。

庭审实质化，是当下司法改革的目标和方向。庭审模式的改革，需要每一个法律人的参与和努力。律师传统的办案思维和模式，并不重视发问权，把事实和证据给法官，让法官给当事人公正，把事情弄清楚了就完成任务，事实上这还不够。律师要围绕审判开展诉讼活动，将案件的一切问题以看得见的方式解决在法庭上，帮助法官查明案件事实以及准确运用法律，可以理性预判裁判结果，只有这样才能防止突袭性裁判，预防司法腐败。

第三，倡导诚信诉讼的需要。

当下司法环境下，虚假陈述、虚假诉讼等严重不诚信行为时有发生，这引起最高院的高度重视，出台一系列文件来防止和惩罚虚假诉讼行为。作为律师，维护的是当事人的合法权益，而不是非法利益，既不能纵容当事人说谎，也不能充当说谎者。笔者在亲历的庭审中，曾向法庭提出与委托人自愿签署诚信诉讼保证书，请求法庭责令对方当事人签署诚信诉讼保证书，但有些律师当庭表示签署诚信诉讼保证书没有法律依据，拒不签署。

阳明心学，是儒家的顿悟法门，是一门灵动的哲学。律师通过研习阳明心学，可以在知行合一中致良知，不仅可以改变自身，而且可以影响委托人以及其他诉讼参与人，甚至有可能感染法官。那么，全方位庭审技能体系以阳明心学作为哲学基础，可以倡导无讼的理念。

运用全方位庭审技能体系办案模式，有可能遭到来自法官、对方当事人以及其他诉讼参与人的不理解，可能要承受一定的心理压力。笔者代理的许多案件，庭审都在三次以上，曾经也很纠结。

程序性问题的提出，对案件的影响会实实在在地展现在眼前，但同时也让我纠结与痛苦。

伊夫林·J·扬格说："一个不合格的律师可以把审判拖上几个月或几年，而合格的律师甚至可以拖更长。"当我看到这句话时，我释然了，我为个案的公平正义付出多大的代价，我觉得都是有价值的，没有辜负律师的神圣使命。

如果庭审中存在艺术，那么法庭就是展现庭审艺术的殿堂，每一个律师在庭审技能方面的每一次突破，都是这个艺术殿堂里面的一块拼图，中国法治需要每一名律师觉知觉醒觉悟，这座庭审艺术殿堂才能真正筑造起来。

第二节　我们期待诉讼制度完善，但不能等待

曾经因当事人到底有没有发问权这个问题困惑好多年，如今已没有困惑，但发问权问题依然存在，法官剥夺和限制当事人发问的情况时有发生，这就需要我们寻求更多的解决之道。我们的呼吁和呐喊可能无法实现当事人发问权在民事诉讼领域的立法，但我们可以寻求庭审技能解决。

北京的一位律师朋友讲述了在北京市某基层法院代理的一起民事案件遭遇发问障碍的情况，他请求向对方当事人本人发问，主办法官说律师无权向对方发问，只有法官才有询问的权利。然后，他解释自己有权发问，法官让他找出当事人之间享有相互发问权利的法律依据，他引用《最高人民法院关于适用〈中华人民共和国民事诉讼法〉的解释》第一百一十条之规定："人民法院认为有必要的，可以要求当事人本人到庭，就案件有关事实接受询问。在询问当事人之前，可以要求其签署保证书……"

显然，这一条是法院以职权下发到庭令和签署诚信诉讼保证书的法律依据，而不是当事人之间享有相互发问权利的法律依据，结果可想而知。

在刑事诉讼领域，控辩双方可以向被害人发问，这是有明确法律依据的。

《人民法院办理刑事案件第一审普通程序法庭调查规程（试行）》第九条规定，申请参加庭审的被害人众多，且案件不属于附带民事诉讼范围的，

被害人可以推选若干代表人参加或者旁听庭审，人民法院也可以指定若干代表人。

对被告人讯问、发问完毕后，其他证据出示前，在审判长主持下，参加庭审的被害人可以就起诉书指控的犯罪事实作出陈述。经审判长准许，控辩双方可以在被害人陈述后向被害人发问。

2021年《最高人民法院关于适用〈中华人民共和国刑事诉讼法〉的解释》第二百四十四条规定，“经审判长准许，控辩双方可以向被害人、附带民事诉讼原告人发问。”

在行政诉讼领域，当事人之间享有相互发问的权利。

《最高人民法院关于行政诉讼证据若干问题的规定》第三十九条规定：“当事人应当围绕证据的关联性、合法性和真实性，针对证据有无证明效力以及证明效力大小，进行质证。经法庭准许，当事人及其代理人可以就证据问题相互发问，也可以向证人、鉴定人或者勘验人发问。当事人及其代理人相互发问，或者向证人、鉴定人、勘验人发问时，发问的内容应当与案件事实有关联，不得采用引诱、威胁、侮辱等语言或者方式。”

在民事诉讼领域，当事人之间是享有相互发问权利的，法官在法庭调查阶段会询问各方是否要向对方发问，然而民事诉讼法以及司法解释没有明确的法律条文。一旦遭遇发问权障碍，这就需要律师具备全方面庭审技能，熟练运用程序性事项来保障发问权。

在《当事人发问权理论与实务研究》一书中阐述了发问权性质的观点：当事人发问权是质证权的范畴，发问是具体的质证方法；发问权是辩论权的范畴，发问是辩论的具体方法。

如果这些理由不能充分说服法官，可以尝试下面两种有效方法：

第一，转化为法官的询问。

如法官不让发问，但所发问的问题与本案有关，且对查明案件事实有重要作用，可以请求法官以职权查证，这样就把权利加以转化。

第二，启动回避程序。

通过第一种方式无法实现诉讼目的，可以启动回避程序。回避，是保障诉讼权利的重要方法。

当下，诉讼制度还有些不完善的地方，我们不能寄托于司法制度完善了再去做事情，而是要用庭审技能去解决实际问题。民事诉讼法以及司法解释并未规定当事人之间享有相互发问的权利，但我们要开创性地运用发问去探知案件真相，遇到问题，解决问题。我们期待诉讼制度的完善，但不能等待，也不要停止思考和探究。

这套理论体系在案件实战运用中发挥过作用。但是有相当一部分案件，往往设计了许多发问问题却派不上用场。那是因为法官关注到案件本身，加大了法庭调查的力度，司法的公平正义可以在庭审中，以看得见摸得着的方式呈现出来，我们的发问已是多余。

第三节　驾驭庭审的最有效装置

根据对庭审实战的观察，笔者认为法庭就是律师的舞台，在尊重法官指挥权和诉讼规则的情况下，律师可以驾驭庭审，控制庭审进程以及影响裁判结果。律师要想做到这一点，就必须重视程序性事项，否则将完全围绕法槌来展开诉讼，裁判结果难以把控。

第一，程序性事项决定法庭色彩。

毫无疑问，法庭是有情绪色彩的，悲愤、恼怒、委屈、高兴以及其他情绪，这种情绪可以自然流露，也可以通过设计进行展现，也就是说律师完全可以把控庭审的色彩。

譬如：原告甲诉被告乙、第三人赠与合同一案。甲与第三人是夫妻关系，第三人隐瞒已婚事实与乙谈恋爱，在交往期间互有财物赠与，后甲以第三人处分夫妻共同财产无效为由要求乙返还钱款和物品。无须详细介绍案情，大家都能猜到故事大概。

我作为乙方诉讼代理人出庭应诉。不管裁判结果如何，在庭审中维护当事人的尊严是十分重要的，否则就有可能对其造成二次伤害。

庭前，我和法官沟通，甲方和第三人之间有未成年的孩子，甲方诉状很多内容与事实不符，严重损害乙方的名誉权，建议不公开审理。我的出发点是基于双方当事人利益，不是因为我方当事人惧怕庭审公开，法官采纳我的建议。

“审判长，我建议原告代理人不要宣读诉状，原告诉状很多内容与事实不符，严重损害被告的名誉权。如原告代理人执意宣读，请求法院责令其对不实内容作出更正，否则被告将依法追究其法律责任。”在原告代理人宣读起诉状前，我认真地说。

法官向原告代理人释明法律后果，原告代理人和第三人商量后，决定不再宣读。

在接下来的整个庭审中，作为一名真正受害者的我方当事人，令人同情，赢得法官的好感。

庭后，当事人对我说：“结果我不强求，无论怎样判决，在今天上午的审理过程中，我觉着至少您和法官的态度安慰到我了。让我觉得我是被理解的。”

第二，程序性事项控制庭审进程。

民事诉讼法及相关司法解释规定的程序性事项比较多，比如审理期限、回避、追加当事人、简易程序异议，等等。只有充分重视程序性事项，才能控制庭审进程。在民事案件中，有相当一部分案件采用简易程序，从原告立案到法院安排开庭往往几天或者十几天时间，没有给被告充分的庭审准备，我遇到这种情况，第一时间会给法院提出延期审理申请，甚至提出转为普通程序。

例如：在一起房屋买卖合同纠纷案中，我方是被告。从法院立案到开庭不足十五天时间，没有给被告留出合理的庭审准备时间。

第一步，申请延期审理。我第一时间提交延期审理申请书和追加第三人申请书，法院予以支持。

第二步，申请转普通程序。在开庭时，我提出建议法院以职权转为普通程序，否则我方申请法院转为普通程序，但主审法官认为是否转为普通程序应该进行法庭调查后再决定，于是我以主审法官不能依法处理程序性事项启动回避程序，本案休庭。几天后，我方收到法院驳回回避申请的决定书，隔一段时间又收到法院转为普通程序的裁定书。

本案开了三次庭，结果是原告撤回起诉。

第三，程序性事项影响裁判结果。

程序性事项能否影响裁判结果，这是一个主观性比较强的问题，职业、立场、思维、认知不同，会给出不同的答案，也许案例是最好的证明。

例如：在一起民间借贷纠纷案件中，标的额1000多万元，原告一审败诉，然后上诉，我作为其二审诉讼代理人。在开庭前，我提交正式开庭申请书、请求向对方当事人本人下发到庭令、庭审直播申请书等，经过这种程序性较量，二审法院组织四次庭审。我准备的二审诉讼方案是向对方当事人发问，精心准备发问提纲，虽然对方当事人没有出庭，我也没有进行发问，但通过程序性事项让二审法院主审法官发现原审判决中的疏漏，撤销了一审判决，支持了我方的一审诉讼请求。

在虚假诉讼问题比较突出的当下，在民事案件中注重程序性事项，确实能够实质性影响裁判结果，在个案中若用好了，能起到良好效果。

回避是程序性事项的核心。这种效果至少体现在，能推进庭审实质化的目标，纠正法官心证偏差并降低不合理预判的负面影响。

对于程序性事项的运用，要充分考虑到对个案公正与效率的影响，要掌握一定的尺度和原则。

1.尽可能减少摩擦与对抗，促进庭审和谐。

在承接案件后，要全面分析、了解案情，根据案件难易程度、当事人意愿等设计诉讼方案，如案件比较复杂，庭前及时申请转普通程序、请求法庭向对方当事人下发到庭令等，让法官提前知道己方对案件的观点、想法，同时也可以探知法官的态度、思维、办案水平以及能否公正审理案件。在司法实践中，绝大部分法官对程序性事项是漠视的，对当事人庭前提出的各项申请不予回复、不予处理，我原来的做法是启动回避程序，但现在会采取相对和谐的方式，比如请求将开庭转为证据交换或者庭前会议，在下一次庭审中完善程序性事项。总之，当前述方式无法实现目的时，则需要启动回避程序以表示对法官不当行为的抗议。

2.程序性事项是诉讼权利的保障，最终要回归案件本身，要把全部精力用于如何帮助法官查明案件事实、正确适用法律等事项上。

通过程序性事项，可以引起法官对案件事实的关注、思考，有时可以起到很好的效果。近两年，在一些复杂案件中，我往往采取发问的诉讼策略，设计的问题少说几十个，多则几百个，通过程序性事项的互动与碰撞，裁判结果有些时候就能够预判了，但这种诉讼代价非常高，开庭次数比较多，三次以上属于正常。尽管可以最大程度保障个案公平正义，但司法资源的浪费还是很大的，这正是我痛心之处。前些天有个案子开庭，我在庭前提出庭审直播申请、请求向对方当事人本人下发到庭令，法官主动采用庭审直播开庭方式，但对方当事人本人没有到庭，在庭审中我只是提出异议，并没有阐述更多的理由，亦没有启动回避程序，让法官知道我的初心是为了查明案件事实即可。

3.尊重法官指挥权，找准时机发力。

在开庭时，我最不能忍受的是对方谎话连篇，一般会请求法官对此进行提醒、制止，但大部分法官会让对方继续说下去，有时不能理解法官这种处理方式。现在我想明白了，再遇到这种情况，我要充分尊重法官指挥权，让对方当事人酣畅淋漓地说谎，记录下这种恶行，然后再找准时机发力，予以揭露。

在当下司法环境下，程序性正义尤为重要。在冲突与摩擦中，法律职业共同体才能共同进步，从而促进中国法治进步。

第四节 “心即理”下裁判结果的把控

阳明先生曰：“虚灵不昧，众理具而万事出。心外无理，心外无事。”

这是阳明心学的重要哲学理论命题“心即理”，表示的是一定条件下心与理的完全同一。从这一标识性命题出发，应该如何理解我们的诉讼行为以及能否求得想要的裁判结果，即如何把控裁判结果。当我们承接一起案件后，这个外在的事物就与我们的心发生连接，包括裁判结果的一切诉讼活动都不在我们的心外，如何实现个案的公平正义，只能向我们的内心去求。那么，能否把控裁判结果，实现裁判结果的可预测性，这考验的是我们的法律信仰以及庭审技能。毕竟，司法公信力是民众对公正司法的一种内心确信和普遍感知，判决的可预测性是树立司法公信力的社会基础，在判决可预测性要求的背后，意味着社会在“可感知”层面对公正司法的基本信任，以及社会在“行为可预测”层面对法治社会秩序的高度信仰。①

从理论上可以这么理解，但在实践中依然会带来极大的困惑，相信很多律师并不认同诉讼律师可以把控裁判结果这个观点。有时，我们真的尽力了，不该败诉的案件还是败诉了，比如《当事人发问权理论与实务研究》《当事人发问权制度探析》书中提到的败诉案例。那么，如何理解不该败诉

① 参见王国龙：《判决的可预测性与司法公信力》，载《求是学刊》2014年第1期，第93-99页。

而败诉这样的裁判结果呢？第一，归因模式。当出现这种不利的裁判结果，我们应该从内在找原因，而不是归责于司法环境、诉讼制度等。从内在找原因，我们会愈挫愈勇，内心更加强大，这是一条律师精进之路。第二，通过个案来实现更大的价值。我们不能仅仅停留在“我们也左右不了裁判结果”这样的认知层面，而是应深刻反思败诉背后的原因，如果是司法制度不完善，那么我们可以通过呼吁、呐喊做一些改变，比如提出完善当事人发问权、证据规则建构的立法建议。或者从庭审技能精进尝试寻求突破，实质影响法官心证，唯有律师群体的觉悟觉知觉醒，中国法治才有希望。

阳明心学是实践性哲学，需要事上练，对此指导实践并动态回应解决实践问题。“天理原自寂然不动，原自感而遂通”。[1]王阳明认为，理不是单纯静态的被认知的准则，而是在现实中呈现、不断活动变化的，可以直接指引和推动人的工夫。[2]下面我想通过案例“甲诉乙、丙、丁民间借贷纠纷二审案”来论证这一观点。

我未参与一审诉讼，是甲的二审诉讼代理人。

甲按照乙、丙的指示多次汇款到丁以及其他人的银行卡内1350万元，乙和丙曾经是夫妻关系，另外甲与乙、丙还发生过其他多笔借款，银行流水较多，这是基本案情，案情十分简单，因当事人的不诚信行为导致案情极其复杂。

一审组织了三次庭审，乙本人均未到庭，对丙是公告送达的。

一审法院认定，本案当事人提交的证据不足以证明合同二当事人之间存在真实、合法的民间借贷关系，甲要求乙、丙偿还借款 12038000 元等诉讼请求，一审法院不予支持。双方之间的往来账目，权利人可依据真实的法律关系主张权利。一审判决驳回甲的全部诉讼请求。

---

① 《王阳明全集（卷二）》，上海古籍出版社 2014 年版，第 65-66 页。

② 参见傅锡洪：《朱子的“心即理”及其与阳明的异同》，载《中国哲学史》2022 年第 5 期，第 61 页。

1.传播无畏的力量。

这个律师同行接到一审判决书后非常痛苦，没有勇气告诉当事人这个判决结果，而是第一时间与我联系，他希望我能够代理二审。那天，我出差回来第一时间见面简单聊聊一审情况，他说这个案子严重动摇了他的法律信念，表示不想做律师了。看着他痛苦和萎靡的样子，为了重振他对法律的信心，同时也是检验全方位庭审技能体系在实战中的魅力，我没有计较报酬欣然同意了。我认为通过个案的实践，动态把握运用“心即理”，追求判决的可预测性，才能真正树立法律信仰，给他人以无畏的力量。

2.二审开庭程序把控。

在当下司法环境下，二审民事案件，以调查作为审理方式占多数，主审法官或者法官助理一人主持庭审，开庭审理倒是少数，当事人即使提出开庭申请亦很难获得法院支持。

我曾在一起房屋买卖合同纠纷二审案件中申请正式开庭，主审法官说：“你在××中院代理的案件，多吗？”我说：“还可以。”主审法官又说：“你告诉我你哪一个案子是开庭审理的，我去找那个主审法官核实。”通过反复沟通，主审法官还是同意了我的请求。

在本案中，同样遇到这种开庭难的问题。二审法院电子送达开庭传票，传唤事由法庭调查。于是，我向主审法官邮寄上述三份申请书，主审法官打电话给我，让我解释理由，其认为理由不成立，我态度十分强硬地说：“您看完我的申请书后再给我回复吧。” 通过庭前交锋，主审法官同意正式开庭。

3.全方位庭审技能体系办案模式应用。

接受委托后，我向内心去求“理”，设计全方位的庭审应对方案和策略：

- 提出正式开庭申请；
- 要求庭审直播；
- 申请法院向乙下发到庭令；
- 以发问作为案件逆袭的突破口；
- 启动回避程序的预案。

程序性事项应当服务于整体的诉讼方案，并不是单纯为了挑程序性问题而拖延诉讼。如果上述合法诉求得不到法院支持，我方就以法院开庭程序违法要求休庭，并随时根据实际情况依法启动回避程序。

第一次开庭：当庭告知合议庭成员，程序不合法而休庭

这次开庭，乙聘请的原一审的律师出庭，本人没有到庭，丙是公告送达的，丁本人到庭。

我要求庭审直播，主审法官亦同意，但直播设备出现故障，维修近一个小时依然不能正常使用，最后我同意开庭可以不直播。

在核对当事人身份阶段，我对乙本人不到庭有异议，并详细阐明理由，但主审法官认为当事人本人不到庭符合法律规定。于是，我提出当庭组成合议庭，开庭程序不合法，合议庭经合议后中止审理。

第二次开庭：单方通知甲到庭，法庭调查

庭前，主审法官就程序性问题和我交换看法，大约有半个小时才正式开始。因为是单方法庭调查，我没有提出程序性问题。

第三次开庭：通知双方到庭，法庭调查

这次乙本人依然未到庭，丁本人到庭。主审法官没有给当事人交代诉讼权利以及回避权利，直接进行法庭调查。庭审即将结束时，主审法官要求乙的代理人，通知乙本人于某年某月某日到庭接受法庭调查，并释明不到庭的法律后果。下次是单方法庭调查，我向审判长提出我方也要求出庭并对乙本人进行发问。

第四次开庭：对乙单方法庭调查[①]

这次如我预料，乙本人依然未到庭，我和甲到庭。

审：乙为什么没有到庭？

乙代：乙本人陈述身体状况不好，压力大、抑郁之类的，不能参加，不能确定抑郁症。

审：作为代理人，知道乙不能到庭可能对其产生不利的后果吗？

乙代：知道。

甲本人在一审三次庭审中均参加诉讼，认为胜诉没有问题，于是表现非常理性、冷静，但接到一审判决彻底懵了。在二审中，开庭时甲异常激动，法官有点不耐烦地说："你激动什么啊，不就是想要胜诉吗？"甲解释道："我不仅仅是为了胜诉，我要的是公平公正判决。"

裁判结果

一、撤销某人民法院（2022）××× 民初 ××× 号民事判决；

二、乙、丙于本判决生效之日起十日内返还甲借款 12038000 元并支付相应利息（以 12038000 元为基数，自 2022 年 1 月 25 日起至实际给付之日止，按全国银行间同业拆借中心公布的同期贷款市场报价利率计算）；

三、乙、丙于本判决生效之日起十日内支付甲律师代理费 100000 元；

四、驳回甲的其他诉讼请求。

在本案中，我把对乙本人的发问，作为赢得胜诉的突破口，并拟定了详

① 本书中涉庭审内容时，"审判长"简称为"审"，"乙方代理人"简称为"乙代"，"原告代理人"简称为"原代"，"上诉人代理人"简称为"上代"，等等。简称通过上下文内容可以判断，在此加以说明。

细的发问提纲，但必须是乙本人到庭，这才是保障发问效果的关键，其他程序性事项：庭审直播申请、回避、开庭方式等均是对乙本人必须到庭接受发问的保障措施。

在四次庭审中，因乙本人未到庭，我没有对乙的诉讼代理人进行发问，我根据庭审情况随时调整诉讼方案，并对法官的裁判思维、裁判结果作出预判。这体现了“心即理”的活动性。确实，为当事人提供法律服务的诉讼律师，每天都在琢磨法官的行为和心理，预测法官将来如何作出判决，以便准备好诉讼应对策略，以争取当事人合法利益的最大化。[①] 在第二次法庭调查结束后，我预判本案能够改判或者发回重审，发回重审的概率会大一些。第三次法庭调查结束后，我进一步预判本案应当改判，改判的概率会比发回重审要大。因此，我没有启动回避程序。

如果一审法院能够重视程序性问题，责令乙本人到庭接受法庭询问以及释明不到庭所产生的法律后果，查清案件事实之后依法作出公正裁判，相信本案一定会止于一审。这个案件虽然看似增加了诉讼成本，但从整个诉讼程序来看，却实质性提高了审判质效。本案二审阶段，主审法官先后进行四次法庭调查，并充分重视程序性事项，最终作出公正裁判。相信双方当事人都从本案中感受到了法律的公平正义，这也是可感知的主观程序正义体现，与“心即理”有异曲同工之妙。本案并未出现申请再审、抗诉的情形。

---

① 参见韩振文：《智能时代法官预判确定性的功用、契机及其困境》，载《上海政法学院学报（法治论丛）》2023 年第 2 期，第 77 页。

第二章

庭前的全面准备

——庭审制胜之基

庭前准备，这是庭审战略战术的设计和演练，包括证据材料的收集、诉讼程序的异议、诉讼辅导、开庭提纲制作等，为庭审做好全方位的准备。大多数案件走进法庭之前，胜败已决，这就是全方位庭前准备的重要作用。

第一节　委托不可事后追认

本节是单明志律师提供的一个案例。作为律师代理案件，让当事人本人签署授权委托书，这是最基础的办案业务流程。可是有些律师办案不严谨，允许家庭成员、利害关系人代委托人签名按手印，或者不认真核实是否属于委托人本人所签，这种职业风险是很大的，轻则受到行业处罚，重则有可能触犯刑法。

单律师说："这个案件事实不经典，诉讼过程太经典。"只有做好诉讼第一步，我们才能有底气参与激烈的庭审对抗，切实维护当事人的合法权益。

这是一起民间借贷纠纷案。案件事实比较简单。2008年，原告张某将数百万余元出借给被告甲公司，李某为担保人。借款合同、担保合同齐全，出借款项全额到达借款人账户，利率适中。借款期届满，借款人未还款，担保人未履行担保责任。

原告"张某"提起诉讼，原告没有出庭，委托代理人刘律师出庭参加诉讼。被告甲公司、李某共同聘请的代理人王律师出庭应诉。一审法院判决原告胜诉，被告承担还款责任、担保责任。被告未上诉，判决生效后被告未还款，原告申请强制执行，案件进入强制执行阶段。执行无果，终结本次执行。

十年后的一天，被告李某以当年没有委托王某为代理人剥夺了其诉讼权利为理由，向省高级法院信访申诉。省高院听证后发现，被告李某的确对案件诉讼不知情，且当年也没有委托王律师为代理人，授权委托书系他人伪造。省高院以原审程序不当提起再审，指令原审法院审理。本来平常的案子，起了波澜。

案子由原审法院再审。再审中被告李某聘请的代理律师发现案涉资金可疑，因原告张某没有出庭，遂申请法院请求原告出庭，以便查明案件事实。

庭审中，主审法官询问："原告代理人刘律师，是否能够说明案涉资金及案情。"

刘律师向法官报告说："可以当庭通过电话向委托人核实。"

法官准许，然而怪异的事情发生了，所谓委托人竟然不是原告张某，而是另有其人。

法官询问："电话另一端的人与原告张某是否为一人？"

答曰："不是，我是张某的亲戚安某。"

法官再问："是谁委托的刘律师？"

答曰："是我委托，不是原告张某委托。"

不平常的事情发生了，诉讼波涛汹涌。被告方抓住这一法律要害，主张原告代理人刘律师无权代理，十年前的诉讼不合法，视为没有发生诉讼。理由是依据民事诉讼法的规定，代理人必须取得当事人的亲自授权。主审法官下达传票，责令原告张某出庭接受调查。庭审中止。

再次庭审时，原告张某没有到庭，更加诡异的是，原告代理人刘律师向法庭提交了一份公证书，公证书中提到，原审时张某委托其亲戚安某全权处理本案诉讼，刘律师是他的亲戚安某聘请的，张某对所有的诉讼行为均认可，称是他的真实意思表示，并且对起诉状、授权委托书、原审判决、执行中的文书签名为张某的所有行为均追认。

主审法官释法，张某的追认，说明了原告张某并没有在当年的诉讼时亲自提起诉讼，授权委托书不是原告本人的委托行为，诉讼行为属于公法范畴，不是私法，诉讼行为不适用追认。鉴于原告拒绝到庭无法查明诉讼，故名为原告张某的诉讼，不符合民事诉讼法的规定，当庭裁定驳回以张某名义的起诉。

十年诉讼付之东流。

第二节　警惕简易程序

在繁简分流试点改革以及正式法律化之前，我对民事简易程序，对庭审进程以及裁判结果的影响性，没有太多思考，在实践中只是偶尔对简易程序提出异议。然而当简易程序审理、独任制审判成为民事诉讼中的常态时，对此会让人有些担忧。通过实践观察与思考，这种担忧并非多余，应当引起足够的警惕，这事关案件能否公正审理。

那么，简易程序转为普通程序有何意义呢？

第一，充分保证当事人各项诉讼权利，包括举证权、质证权。

按照民事诉讼法的规定，简易程序审限一般是三个月，而普通程序一般是六个月。在司法实践中，法官办案压力比较大，在案件中适用简易程序，法官在短时间内是不可能完全做到“小案事不小，小案不小办的”“如我在诉”，只有充足的时间，才能保障当事人的诉讼权利，法官才能更好地查明案件事实。

如果你要求转为普通程序，也许在某些法官或者律师眼里是故意提程序性问题拖延诉讼。譬如：在一起买卖合同二审案件中，法院送达的传票载明是开庭，到了审判庭才知采用法庭调查的方式审理，我当即提出异议，要求开庭，并详细说明了理由和法律依据。对方当事人聘请的是一名老律师，对我提出的问题有点反感，说："如果被上诉人要求延期审理，我们没有意见，请法庭根据情况决定……基于以上理由，我们认为被上诉方刚才提到的异议理由不充分，不应当给予支持。另外我看了一审的卷宗，在一审中被上诉方就采取了程序性的抗辩意见，而且这些意见与案件的审理，并没有实质性的关联，所以我也建议被上诉方针对案件的基本事实来进行抗辩。"

经过一轮交锋，主审法官支持了我的请求，对本案适用开庭审理。

在第二次开庭时，对方提交很多证据材料，我说："在庭前，上诉人提交大量证据材料，大部分已在一审提交，一部分作为新证据在二审中提交，但这些证据在上诉人提起诉讼之前已经掌握和持有，一审又有充分的时间提交，为什么不提交？本案立案时是简易程序，后在被上诉人的申请下转为普通程序，一审组织了三次庭审，法院又给了双方充分的对账时间，即对双方所有的交易进行对账，一审法院充分保障了当事人的各项诉讼权利，当然包括举证权利。在上次庭审中，对方代理人对我一审提出各种程序性事项比较反感，但是你要感激我一审为你方争取了充足的举证期限。请求法庭责令上诉人说明在一审没有提交的原因。"

第二，促使和解或者撤诉。

转为普通程序后，诉讼费要全额缴纳，这就无形中增加诉讼成本，从而增强当事人和解的期待，如果觉得案件没有希望，有些当事人会选择撤诉。2020年，我代理一起不当得利的案件，我方是被告，本案适用简易程序审理，审限是三个月，法院组织五次庭审，然而六个月内都没有作出裁判结果，也没有达成和解，最后对方选择撤诉。

第三，确保个案公平正义的需要。

最高人民法院于2020年1月15日印发《民事诉讼程序繁简分流改革试点方案》的通知，开始为期两年的繁简分流试点改革。中华人民共和国第十三届全国人民代表大会常务委员会第三十二次会议于2021年12月24日通过《民事诉讼法》修正案，于2022年1月1日起施行。司法改革是对司法实践的折射和影响，在提升审判效率的同时，有时不能保障审判质量。

我们要充分注意2020年这个时间节点——最高人民法院于2020年1月15日印发了关于《民事诉讼程序繁简分流改革试点实施办法》的通知。

自2020年开始，我在代理的大量民事案件中对适用简易程序提出异议。从2003年执业至2019年底，我很少对简易程序提异议，也不曾思考庭审方式对裁判结果的影响。这期间，我印象比较深刻的有两起案件：

案例一：2018年代理的一起房屋买卖合同纠纷。我对简易程序提出异议并与法官充分辩论，但法官当庭驳回我的诉求，作出判决结果时已超过三个月，我方提出上诉，二审以程序不合法为由裁定撤销一审判决，发回重审。

案例二：2018年代理一起民间借贷纠纷案，我是被告一方代理人，法院从立案到开庭仅仅7天时间，于是我要求答辩期、举证期限，本案经过几次庭审，在三个月内无法审结，后法院裁定转为普通程序审理，最后法院技术性地驳回原告的起诉。

苏轼《春江晚景》诗中有一句：竹外桃花三两枝，春江水暖鸭先知。

在司法改革的环境下，当事人或者法律人对司法改革在个案中对自身的影响要有所感知，这种感知也许比较感性或者片面，但有时对促进个案的公平正义至关重要。

第四，识别与判断的线索。

在司法实践中如何识别简易程序可能会带来裁判结果的不公，我个人认为：第一点，不符合简易程序审理的法定事由，这是对简易程序提出异议的基础。对于这一点，法官和当事人、律师会有不同的认识。第二点，可以从以下几个外在呈现的现象作出判断：

（1）从立案到开庭时间极短，比如不足十五天时间。法官对于答辩期和举证期没有和当事人进行沟通，这种情况下，可以要求延期审理，再根据情况决定是否对简易程序提出异议；（2）己方提出反诉，法官依然坚持适用简易程序的，可以要求转为普通程序；（3）法官基于各种因素，急于草率结案的；（4）通过中国裁判文书网等检索识别对方当事人、律师与主审法官是否有不正常的关系；（5）采用普通程序，适用独任制审判的；（6）其他一些不正常的现象。

一切现象都是本质所呈现出来的，需要根据现象来识别、判断，从而作出理性的、正确的判断，以此引导自己的诉讼方向和调整诉讼方案。

在司法实践中，对简易程序的处理存在着诸多问题。其中，法官对简易程序异议的处理有以下几种情况：

（1）当庭以口头方式驳回简易程序异议申请；（2）认为需要进行法庭调查才能知道案情是否复杂，先开庭，然后再决定是否转为普通程序；（3）当庭驳回简易程序异议申请后，申请法官回避，处理完回避事项后，以职权转为普通程序审理；（4）在庭审中，提出简易程序异议后，独任审判员宣布休庭，然后将开庭转换为证据交换，再以职权转为普通程序审理；（5）不给予任何答复。当你提出简易程序异议后，只要是不申请回避，有些法官对该程序性事项没有任何回应；（6）认为对实体审理没有任何影响。有一位律师同行在庭审中对简易程序审理有异议，主办法官却如此回复：“根据本案案情，本案采用简易程序并无不当，本案着重处理实体问题，程序适用问题从目前来看，不会对双方当事人产生实质影响。”

有部分法官对简易程序异议并不依法处理。譬如：一起民间借贷纠纷案件，本案组织五次庭审，在前三次庭审中，我均申请转为普通程序。在第三次庭审中，主审法官有点不耐烦地说：“你是干预审判吗？”庭审结束后，我方却收到转为普通程序裁定书。

第四次庭审时，法官真诚地说：“本案前后经过三次开庭，三次庭审中，被告委托诉讼代理人均强调，本案案情复杂，不适宜简易程序审理，虽然本人开庭两次庭审中，均明确表示不准予转为普通程序，但没有按照《最高人民法院关于适用〈中华人民共和国民事诉讼法〉的解释》第二百六十九条的规定，以裁定的方式解决本案，反而指责当事人代理人干预司法，属于我个人业务不精，特此致歉，经向院长汇报，裁定将本案转为普通程序审理，裁定书庭前已送达。”

这段话记入庭审笔录。这名法官在说到向我致歉时，站起来鞠躬，这个举动令我肃然起敬。

那么，对于简易程序异议应该如何处理呢？

《最高人民法院关于修改〈最高人民法院关于适用《中华人民共和国民事诉讼法》的解释〉的决定》（以下简称新民诉法司法解释）已于2022年3月22日由最高人民法院审判委员会第1866次会议通过，自2022年4月10日起施行。其中将第二百六十九条修改为：“当事人就案件适用简易程序提出异议，人民法院经审查，异议成立的，裁定转为普通程序；异议不成立的，裁定驳回。裁定以口头方式作出的，应当记入笔录。转为普通程序的，人民法院应当将审判人员及相关事项以书面形式通知双方当事人。转为普通程序前，双方当事人已确认的事实，可以不再进行举证、质证。”

在新民事诉讼法司法解释生效后，异议不成立的，需要用裁定方式驳回，显然是对该程序事项裁决权的规制。

第一，当事人就案件适用简易程序提出异议，审查的主体是人民法院，而不是审判组织，显然独任制审判员以个人意志代表法院作出，是错误的。

第二，审查后作出处理结果，需要用裁定方式。对于驳回转普通程序申请，明确规定要适用裁定方式。裁定、决定和判决书均是法院出具的、具有羁束力的法律文书，裁定的作出应当履行一定的程序和方式。不管是支持还是驳回，均是人民法院审查的结果。书面裁定书，根据法院内部职权分工要履行一定的请示汇报制定，这应该是没有争议的；但口头裁定，依然要履行内部审批流程。

第三，裁定的要件。对于书面裁定，裁定书要具备以下形式要件和实质要件：应当写明裁定结果和作出该裁定的理由；裁定书由审判人员、书记员署名，加盖人民法院印章。而口头裁定的呈现方式就是记入笔录。

第四，审查的阶段。（2021年）最高人民法院《关于适用简易程序审理民事案件的若干规定》第十三条规定："当事人一方或者双方就适用简易程序提出异议后，人民法院应当进行审查，并按下列情形分别处理：（一）异议成立的，应当将案件转入普通程序审理，并将合议庭的组成人员及相关事项以书面形式通知双方当事人；（二）异议不成立的，口头告知双方当事人，并将上述内容记入笔录。转入普通程序审理的民事案件的审理期限自人民法院立案的次日起开始计算。"该法律条文规定于审理前的准备阶段，显然法院告知当事人采取审理方式后，当事人就享有异议权，无需进入法庭调查后才进行审查。

按照新民事诉讼法司法解释规定，法院对审判组织提出的异议，比如独任制审理，和简易程序异议处理程序都是一样的，对审判组织的异议处理在本节一提而过，并不是说该程序性事项不重要，而是通过对简易程序异议处理现状、程序详细阐述，引起大家对其他程序性事项高度关注，任何一项程序性异议事关个案的公正。

第三节　不可忽视合议庭成员通知时间

民事诉讼法规定审判人员应当在三日内告知。但是这个“三日内”的起终点又该如何理解呢？在个案中有关“应当在开庭前多长时间告知合议庭成员组成”的问题引发争议。不管是一审还是二审案件，当庭告知合议庭成员是常态，这种现象背后的原因是多方面的，如漠视法律程序、案多人少等。

这个程序性事项是影响庭审进程的最好用的装置，在启动回避事项、保障当事人诉讼权利等方面可以发挥奇效。

我曾代理一起民间借贷二审案件。在开庭时，主审法官临时告知合议庭成员。因此我提出开庭程序不合法，于是合议庭合议决定延期审理。

本案虽延期审理，但主审法官事后又提到，我在开庭时说应当在开庭前三日告知合议庭组成人员是错误的，没有法律依据。他认为合议庭当日组成，当日告知了，也是在三日内，没有违反法律规定。

在司法实践中，只要是提出当庭告知合议庭成员就是不合法的，法官基本上都会延期审理，但这个法官的观点促使我仔细研究了一下法律条文。

《民事诉讼法》第一百三十一条规定：“审判人员确定后，应当在三日内告知当事人。”

《民事诉讼法》第一百三十九条规定：“人民法院审理民事案件，应当在开庭三日前通知当事人和其他诉讼参与人。公开审理的，应当公告当事人姓名、案由和开庭的时间、地点。”

从法律条文分析，告知合议庭成员，这是“审理前的准备”环节，是庭审活动之一；开庭传票的送达，这是“开庭审理”环节所要做的庭审活动之一。“三日前通知”，我的理解也是“审理前的准备”，要预留出让当事人熟悉合议庭人员的时间，这连接着下一步的庭审活动，是否申请回避问题。显然告知合议庭成员时间要早于开庭时间，那么要求在开庭前三日告知合议庭成员是符合法律规定的。

全国人大常委会法制工作委员会民法室编写的《〈中华人民共和国民事诉讼法〉释解与适用》（人民法院出版社2012年9月出版）中第211页的内容有：人民法院在告知当事人后，可以根据需要对合议庭组成人员进行必要的调整，因情势变化，必须调整合议庭组成人员的，应当于调整后三日内告知当事人。在开庭前三日内决定调整合议庭组成人员的，原定的开庭日期应予顺延。

《最高人民法院第一审经济纠纷案件适用普通程序开庭审理的若干规定》（法发〔1993〕34号）第一条规定，合议庭组成后，应当在三日内将合议庭组成人员告知当事人。告知后，因情势变化，必须调整合议庭组成人员的，应当于调整后三日内告知当事人。在开庭前三日内决定调整合议庭组成人员的，原定的开庭日期应予顺延。

根据法律条文分析，结合上述两个文件，显然我要求应当在开庭前三日告知合议庭组成人员是正确的。

对于合议庭成员的组成、告知时间，很多人认为无关紧要，但对庭审进程的影响很大。当下，二审民事案件，绝大部分走法庭调查或者询问方式，开庭是例外，倘若法官不能保障当事人的诉讼权利，就可以此为由申请延期开庭或者作为回避的理由，作为控制庭审进程以及保障实体公正的一项预案。

第四节　卷宗材料中隐藏的信息

我代理二审、再审案件时，总会把原来的卷宗材料，或者相关的案件卷宗材料全部复印或者拍照，包括卷皮。因为卷宗材料中隐含很多信息，比如法官在阅卷时，会用铅笔在关注的部分做一些标记，或者在审理案件时在纸上做一些记录存档，这些都是寻找法官裁判思维印记的线索。

在代理一起民间借贷纠纷案件中，就发现一审卷宗材料中有一张纸是法官记录庭审情况的。于是，我在二审提交补充上诉理由中明确地指出："在一审案卷材料中，有一张主审法官手写的庭审记录，其中第一部分记载：原被告关系，借款形成，合同无异议。根据所记载的内容来看，法官对原告、被告之间存在借款法律关系内心是确信的。从这张记录完全可以反映出一审法官对本案事实和法律关系已形成明确的结论，但裁判文书认定的事实与之相反。"

上诉人一审代理人接到一审裁判文书后，根据判后答疑规定，他去法院找主审法官请求解释事实和证据认定方面的疑问，其明确告知，他去找院领导汇报这个案子，但院领导并没有听其解释和汇报案件直接说这个案子属于虚假诉讼。由此我们就明白了这个判决书的由来。根据这些信息，可以判断一审判决是错误的。文字信息和言语信息对二审诉讼方案和策略设计是必不可少的材料。

在另一债权转让纠纷案件中。一审卷宗材料中，主审法官在庭审笔录中对我发问的问题下面用波浪线和三角号进行标注：

被代：你与第三人签订债权转让协议是为了抵消原告欠被告的500万元本金及利息。

原：是的。

在这个案件中，我方一直辩称原告与第三人恶意串通，伪造证据，捏造事实，涉嫌虚假诉讼。主审法官在我发问的问题下面用波浪线标注，说明其充分关注到原告诉讼的动因，这反映出法官内心确信的事实，那么裁定驳回原告的起诉完全可以预判。

在阅卷或者复印卷宗材料时，一定要掌握全部的内容，哪怕是一页空白的纸张也不要放过。在一起建设工程施工合同纠纷案件中，一审驳回起诉，我代理二审，我安排助理把一审卷宗材料复印出来并交代要全部复印，结果这个助理没有复印卷宗目录，这就不能全面掌握一审卷宗中都有哪些材料了。

二审案件，一审纸质卷宗材料都不移送了，二审主办法官只能看电子卷。这个二审法官打电话问我一审有关程序性问题，我不得不重新阅卷，然后与法官沟通，最后二审作出裁定撤销一审裁定，指令一审法院重新审理。

即使卷宗材料中没有任何标记，没有太多寻找法官思维的线索，全面复印卷宗材料也是十分必要的。二审案件中，如果一审卷宗材料比较多，主审法官看卷是十分费劲的，如果你复印全部一审卷宗材料，在阐述己方观点或者进行发问时，可以将重要证据材料或者庭审笔录复印一套送给主审法官，往往会取得很好的庭审效果。

本节以卷宗材料中隐藏的信息为切入点，只想告诉朋友们全面准备、了解卷宗材料非常重要，这是准确制定诉讼策略与方案的资粮。

第五节　追加第三人决定案件成败

在一些民事案件中，裁判结果与案外人有一定的利害关系，如果作为证人出庭比较困难，或者不利于查明案件事实，作为原告在启动诉讼程序前，就应在诉状中将案外人列为第三人；如果是被告一方，为了自身合法权益，如果法官没有以职权追加案外人为第三人，就应当主动申请追加。下面通过列举三个案例来说明追加第三人是案件成败的关键。

案例一

甲某诉乙公司、第三人丙房屋买卖合同纠纷一案。乙公司是开发商，案外人是丁公司，乙公司按照丁公司指示将房款抵工程款的收款收据出具给甲某，甲某与案外人丁公司存在其他法律关系。但丁公司通知乙公司该收款收据作废。

乙公司收到开庭传票后，第一时间申请延期审理、追加丁公司为本案第三人、要求转普通程序。追加丁公司目的：（1）丁公司作为当事人可以当庭提出该收款收据作废的理由，声明该收款收据作废，那么甲某与丁公司之间的法律纠纷就与乙公司无关；（2）如果判决乙公司承担法律责任，那么乙公司就有要履行生效裁判文书的法律义务，丁公司抗辩如果没有得到法律支持，那么乙公司主张这部分房款抵工程款就是有效的，不管是何种结果，对乙公司来说都能保障自身合法权益。

本案组织了三次庭审，相信当事人都能预判裁判结果，甲某自愿撤回起诉。

案例二

某公司有一起确认劳动关系纠纷案件，一审、二审均败诉，法院确认某公司与甲存在劳动关系。事实上，某公司将部分运输业务转包给乙，甲与乙之间存在雇佣关系。在一审时，某公司的诉讼代理人在庭审中，请求法院以职权追加乙为本案第三人，法院没有作出回应，某公司也未再提出申请追加。一审败诉，某公司提出上诉，二审亦败诉。本院认定："某公司提交协议书、费用结清明细、运输商品车情况说明。因乙未出庭作证，被上诉人不予认可，本院不予采纳。"如果申请追加乙为本案被告，这个问题就迎刃而解了。

案例三

在一起损害公司利益责任纠纷案中，原告申请八名证人出庭作证，我作为被告一方的诉讼代理人申请追加这八名证人为本案被告，结果法院当庭同意追加八人为第三人。法院要继续开庭，我要求答辩期、举证期，要充分保障第三人、被告的诉讼权利，然后延期审理。这八名第三人在原告立案时提供过证明和情况说明，均是虚假陈述。为了追究原告以及第三人虚假诉讼行为，我坚决要求追加他们为第三人，在接下来的几次庭审中，就发现他们其中的一部分人不敢出庭了，这种震慑效果已达到，他们可能面临的是刑事责任。

追加案外人为第三人的作用：第一，第三人是案件当事人，依法享有诉讼权利，同时要履行诉讼义务。为查明案件事实，如第三人不出庭，法院可以给第三人下发到庭令，而证人只能是申请一方向法院申请其出庭，如果证人不出庭，法院无法强制；第二，第三人与证人虚假陈述，惩罚措施是不一样的；第三，第三人要始终参与庭审，而证人作证结束后，就不再参与庭审。

在庭前准备阶段，就案外人对案件审理结果的关联度、价值要做评估，这是庭审战略战术的一部分。有时，将案外人追加为第三人对案件事实的充分呈现具有重要价值，向法庭讲述一个完整的故事，一个公平正义的故事。

第六节　做好对当事人的诉讼辅导

在《当事人发问权理论与实务研究》《当事人发问权探析》书中有提到诉讼辅导的概念。所谓诉讼辅导，就是诉讼律师在承接和代理案件中以法官、对方律师和己方的视角与当事人沟通案情，以揭露案件事实真相，最大程度维护当事人合法权益。诉讼辅导，可以开始于承接案件之时，终于委托事项结束。

我个人认为对当事人进行诉讼辅导的最大价值就是关注到当事人的内心世界，改变认知模式，内心更加强大，勇于面对裁判结果。下面通过三个案例来阐述我的观点。

一、通过诉讼辅导，可以让委托人战胜畏惧心理，强大内心，重塑对法律的信心。

甲某诉乙某、丙公司民间借贷纠纷案件，我是乙某的二审诉讼代理人。甲某向法院起诉要求乙某偿还的借款是两笔，一笔200万元，另一笔106万元，并要求丙公司承担担保责任。乙某认为甲某涉嫌套路贷，其中106万元借款与另案生效裁判文书确认的100万元借款是同一笔，于是向公安机关报案。乙某本以为公安机关能够顺利立案，没有参加一审庭审，但是直到二审开庭时，公安机关仍没有出具任何处理结果。

本案案情比较复杂，时间跨度比较长，具体案情省略，本节只提及诉讼辅导。

民事二审案件，主办法官或者独任制法官往往以调查作为开庭方式，给人的感觉是走流程、走过场。本案也是如此。乙某主张甲某等人涉嫌虚假诉讼罪、诈骗罪、非法拘禁罪等犯罪行为，并不是简单的民间借贷问题，而是以借贷的名义实施违法犯罪行为。尽管乙某向公安机关报案，但并没有给予任何答复，这就需要在庭审中展现出来，让法官对本案涉及的违法犯罪行为具有感性认知，从而作出公正的判决。

这里涉及两个问题：

乙某陈述这个过程需要近二十分钟时间，主审法官能让其畅所欲言吗?

针对这个问题，我告诉乙某不要有任何担心或者恐慌情绪。

其一，如法官阻止其陈述，我会尽力说服法官；

其二，我要求庭审直播，这对法官的言行有一定的约束，这是充分保障诉讼权利的路径之一；

其三，在陈述时，语气要缓和，不要太快，让法官充分感受到自己的诚信和力量，动情之处眼泪流下来，可以停顿几秒；

其四，语言要简练有力。对于陈述的内容要抓住重点，简短有力，避免重复。

应当在哪个阶段陈述?

针对这个问题，抓住最佳时机。我初步安排在举证质证结束后，法官询问当事人对案件事实是否有补充，这个时候让乙某陈述案件，然后我再行使发问权。

做好最充分的准备就是一切。针对这个环节，庭前进行了充分的演练。

本案第一次法庭调查，因乙方身体原因，我和乙某均未到庭。第二次法庭调查，因没有庭审直播，且本案以调查的方式审理，我提出异议并申请法官回避。意料之中，法院驳回我方回避申请，但抗争还是有成果的，主审法官同意正式开庭，并且庭审直播。

由于，与本案有关的三个案件一审、二审均败诉了，且庭前没有等来公安机关的正式立案决定书，乙某对二审的裁判结果已丧失信心。我告诉乙某按照原计划进行，开庭务必亲自到庭，即使败诉了也要悲壮一些，为下一步申请再审打下坚实的基础。

正式开庭时，一切按照原方案进行，整个庭审持续近四个小时。乙某预判二审会维持一审判决，我预判会发回重审。但我和乙某的预判都不准确，二审法院认为其中106万元的借款不成立，作出部分改判。

案件结果，我们不一定能够完全把握，但过程属于我们自己。当预判到结果对己方不利时，唯有克服恐惧，直面最惨的现实，才能激发勇敢的力量。

作为律师，不仅仅要为客户提供法律服务，还要通过诉讼辅导给客户传递无畏的力量。敢于面对，这非常重要，会给法官留下深刻的印象。在我代理的大部分案件中，我均主张当事人本人出庭，并以最好的状态去应对庭审。

二、通过诉讼辅导，让当事人放下思想包袱，勇敢面对庭审。

2022年疫情期间，有一起赠与合同纠纷案件开庭，当事人顾虑个人隐私问题，于是就戴着一顶帽子，并且戴着口罩，像一个套子里的人，让别人无法辨认出来。看到这个装束、打扮，我当面指出来可能会伤她的自尊，况且法官、对方当事人也在场。

“建议把帽子摘掉。”这个时候我给她发微信说。

穿衣打扮，也是一种内心世界的折射和呈现。当事人年轻漂亮，本可以给别人透露出阳光的一面，留下好印象，然而在法庭这个严肃的场合戴着帽子和口罩，会让人感觉她在刻意回避什么。她听从我的建议，事后表明这是对的，整个庭审效果特别好。

三、诉讼辅导，除了达到更好的诉讼效果，也可以给当事人带来认知的改变。诉讼辅导的最高境界是以个案为契机帮助当事人认识自己、改变自己，从而在面对诉讼过程、诉讼结果时能够淡然处之。

在一起民营企业家涉嫌刑事犯罪案件中，我运用阳明心学，对其进行诉讼辅导和心理建设，起到非常好的效果。他出事前做生产销售门窗的生意，产品在当地口碑还不错，他经常做些慈善，是县里的政协委员，因为企业规模扩张，除了银行贷款，还借了部分高利贷，因无法承受这种压力，跑路了。他被公安机关立案侦查，网上通缉，后来被抓获。

我讲述一下四次会见的具体情景：

第一次会见他时，他眼神是平静的。这是在外漂泊过提心吊胆的日子终结后的解脱，就像一只靴子终于落地了，可以安心入眠的沉稳与平静。

第二次会见，他眼神中充满着迷茫。一种焦虑消失后，另一种焦虑又产生了，他要面对以后的审判、服刑以及将来的工作生活，这是十分正常的心理现象，很多人都会对不可预知的未来产生恐慌、焦虑，以及其他不良情绪。为了缓解他内心的焦虑，给他推荐了阳明心学，希望能给他光明与温暖。

第三次会见，他眼神中充满着力量，非常坚定。交流案情后，问他看过阳明心学后有什么感受，他非常兴奋地讲了两个身边的故事。其中一个同监室的A，涉嫌假冒商标罪被立案侦查，A怀疑别人举报，内心充满对举报人的愤怒，经常拿一个苍蝇拍，在墙上无意识地胡乱拍打，同监室的人也不愿意理A，于是他就开导A说："你觉得自己的行为是违法的吗？"A说："我知道自己的行为违法，但是我恨举报我的那个人"。他继续开导A："你的行为既然违法了，那你就会受到惩罚的，这与举报不举报你没有关系。你好好想一想，如果没有人举报你，你继续干，那么你的犯罪后果是不是更严重，你应该感激那个举报你的人才对啊。"A豁然开朗了，从此能够与同监室的人友好相处。另外一个是同监室B的故事，B涉嫌故意杀人，B对自己的法律后果十分清楚，经常不吃饭不睡觉，他就开导B，B从此也能理性面对接下来的审判，不再闹情绪了。

这三次会见的情景让我印象十分深刻。看守所，监狱，这是有形的羁押场所，其实每个人心中也有一座无形的心牢，有些人一辈子都走不出自己编织的牢笼。哲学恰恰给我们提供了一种醍醐灌顶的智慧。智慧，才能真正解救自己，无论何时、无论身处何地，安身立命，内心自由，精神自由，才可以得到真正的救赎。阳明心学，就像一把钥匙打开思想的牢笼，就像一束光照亮内心的世界。

第四次会见，他的头发剃得很短，整个人看上去充满着力量。我感觉有些诧异，带着一种探寻去和他聊案子以及倾听他的故事。他告诉我，在他看书时，同监室的人都想了解一下书的内容并想听他讲，于是他就告诉他们都坐下，他给他们读书，他分享读书的体会，他用阳明心学的哲学思想去解答他们的疑惑。我通过这个事情真正理解了“相由心生”这个词的含义，他传授知识和理念的行为显现在脸上，我一开始的诧异就明了了。

在这期间，又给他推荐了很多书，《知行合一王阳明》《苏格拉底之道》《一切都是最好的安排》，以及克里希那穆提、黑格尔、荣格等的作品。他告诉我，他在书的扉页会写上“书是自己的生命，一定要爱惜”，于是在传阅的时候，其他人都会非常爱惜。有些人文化水平较低，有些字不认识，他告诉他们可以跳过去，读上几段就能安心睡觉；有些人看了《一切都是最好的安排》，也能给自己一份释然了。

我还谈到曾经问过他的几个问题，也值得我们深思。第一个是关于企业管理经营的问题，“假如没有今天的事情，依然按照原来的思维去做企业，给企业提供流动资金一千万，解决了高利贷问题，企业能否经营起来；提供三千万，不仅解决高利贷，也解决银行贷款；或者五千万；或者一个亿等。”他说：“企业起不来，因为心没有改变，企业的钱越多，导致的窟窿也越大。”第二个问题是能否把看守所的这段经历写下来，将来出一本书传播阳明心学，他说没有问题，他会想方设法完成这个目标。我一直非常期待他的书稿早日完成，能把这束光传递给更多的人。他为何会在阳明心学的影响下，出现了如此的思想顿悟与改观，其原因在于阳明心学的“良知说”。王阳明的“良知说”由“良知观”与“致良知”两部分构成。“良知观”认为，良知具有普遍性和坚韧性，能够激发人向善的主体意识，为引导罪犯去恶从善提供了学理依据；而“致良知”所要求的是修身之道和教化治理方法，为罪犯教育提供了可资借鉴的指导。通过阅读和思考阳明心学，可以在潜移默化之中发现内心的良知良善，最终超越自我的局限性，塑造个体向善的主体意识和思维。

律师具备良好的诉讼辅导能力，对当事人进行全面的诉讼辅导，不仅可以使当事人正确面对诉讼，正视自己的错误，顺利完成诉讼案件，还可以改变当事人的心态，接受公正的裁判。做到使其从恶向善，挽救自我，这也能体现律师的素养和水平。律师不仅仅是在法庭之上展现辩论风采，在法庭以外也要具备高超的为人处世之道和满满的正能量。

第七节　证人演练

律师对证人进行出庭辅导，极有可能会使社会大众产生误解，即律师有帮助证人做伪证的嫌疑。因此，我向来对这个话题避而不谈，更多的是关注对当事人的诉讼辅导。

但最近，证人角色在庭审中的混乱现象使我重新审视证人出庭辅导的重要性。证人在接受对方当事人发问时存在敌对情绪，甚至出现争吵、围攻对方当事人或律师的情形，不管是什么原因引起的，都是不妥当的。这就有必要在证人出庭前对其进行辅导，规范其庭审中的行为。

证人，是指了解案件情况向法院或者当事人提供证词的人。那么，证人应当客观陈述其亲身感知的事情，这就决定对证人出庭辅导的首要原则——就是尽最大可能让证人客观、全面地提供证言，这也是律师职业道德的要求和坚守的法律底线。

下面，我从三个方面来谈谈对证人辅导的必要性：

（1）法庭不可能允许不限次数地让证人出庭。证据规则并没有规定或者限制证人出庭的次数，但诉讼案件都是有审理期限的，并且审判效率也是司法目标之一，如果证人证言对案件重要事实有遗漏或者基于记忆力、认知偏差作出不利己方的证词，那么将很难弥补，即使法院允许证人再次出庭作证，那也要考虑证人是否有出庭的意愿。

我在代理一起民间借贷纠纷二审案中就遇到这方面的问题，原告在一审申请一名证人出庭，这名证人与双方都认识。原告一审败诉后，委托我代理二审，通过阅卷发现证人就原告与被告对借款对账、出具借条过程的陈述并不全面，原告的律师也对很重要的案件细节并没有发问，于是我提出让原告动员该证人在二审继续出庭作证，非常遗憾，证人婉言拒绝了。

（2）证人基于自身的认知、记忆力、表达能力、情绪等限制，在法庭这个严肃、紧张的场景下，难免会遗漏一些重要的案件细节，出庭辅导可以唤醒证人的记忆或者全面、客观地提供证言。

（3）帮助证人克服对法庭的紧张、恐慌情绪，熟悉法庭规则。相信大多数证人并没有出庭经验，或者对法庭规则并不熟悉，因此对证人进行辅导是必要的。

对证人进行辅导，建议以模拟庭审的方式进行，主要包括以下内容：

- 告知证人的诉讼权利义务。
- 告知作证时要注意的事项，比如衣着、言行举止、语调语速、肢体语言等。
- 以己方、对方当事人以及法官的角色、立场进行发问或者询问。
- 告诉证人要成为法庭信赖的人，避免与法官及对方当事人产生敌对情绪、辩论或者争吵，要不偏不倚。
- 告诉证人何种情况下可以拒绝回答，比如重复性、评价性或者与案件无关的问题，当然这个时候你作为提供证人的一方也要及时提出反对。
- 告诉证人要用符合其个人情况的语言回答问题，不要带有辅导过的痕迹，从而降低证言的证明力，比如证人回答：“记得在2018年夏天”，但你绝不能教给证人准确到年月日，因为这不符合常识，如果有这种必要，可以用确证来让证人确认。
- 避免用诱导性发问方式，可以通过提醒、提示方式帮助证人回忆所亲身感知的所有细节。

• 不要让己方当事人在场，如在场时，告知其要沉默，不得干扰对证人的辅导。

作为诉讼律师，要牢记证人辅导的目的和法律底线。不仅不能诱导、唆使证人做伪证，而且一旦发现证人做伪证或者你的当事人要求证人这么做，你一定要阻止这种行为。不管是“证人出庭辅导”还是“证人演练”，只有遵守这个原则，才符合律师职业的道德，同时避免执业风险。

第八节 让证据说话

在司法实践中，当事人提交的证据并不是全部对其有利，一方面是没有注意到这种情况，或者注意到了，但无法避免。比如某个时段的银行卡交易明细，需要全部打印出来，这里有包括能够证明权利主张的转账记录，也有那些看似无关的转账记录，正是这些无关的记录，却隐藏着更多的案件信息。

譬如：江某诉金某不当得利纠纷一案。江某曾向法院起诉过一次，后撤回起诉（以下简称另案）。另案组织两次庭审，三次证据交换，两次谈话笔录，但案件事实难以查清，江某认为胜诉无望而撤诉。

本以为这个案件画上句号了，没有意料到，江某两年后再次提起诉讼（以下简称本案）。在另案和本案中，我是金某的诉讼代理人。在本案中，我和委托人金某商定诉讼方案，一定要全面准备证据材料，把事实弄清楚，只此一战，以绝后患。

这个案件看似复杂，其实非常简单。金某向两名案外人出借多笔资金，江某是介绍人和担保人，案外人不还借款失联后，江某替案外人承担还款责任，但江某认为还款时利息超过三分，要求返还超过法定利息的部分。

本案发生的重要原因有两点：一、金某诉成某民间借贷纠纷一案中，金某的诉讼律师设计的诉讼策略错误，金某主张向成某出借资金总额八百多万元，成某已还四百五十万元左右，而成某主张的数额是三百二十万元，并且包含约定利息，已还款部分和未偿还的部分相加还没有本金多，显然与事实不符；二、江某为从中获得利益，采取用自己的银行卡作为中转站，从中扣除一部分好处费，成某将本息汇给江某，江某扣除一部分费用后再汇给金某，江某就因此主张转给金某的款项是自己替案外人还款的，这显然是虚假的。

在代理另案时，我复印了金某诉成某民间借贷纠纷一案的全部卷宗材料，才得知是我原来的助理为金某代理的。看过整个卷宗材料，我感觉非常失望，这简直是犯了最低级的错误，缺乏常识，这也就为江某起诉金某埋下了隐患。

江某在本案中提交了五六张银行卡的交易明细，有几十页。我告诉金某："好好核对江某的银行交易明细，不放过任何一笔交易，要让证据说话。"

当事人对案件事实是最清楚的，我先让当事人提出自己的质证意见，金某说他用了两周时间，仔细核对江某提交的银行流水，终于印证了我的观点。我根据金某提供的线索进行加工整理，事实真相终于水落石出。

我针对江某每一笔款项尽可能作出说明。譬如江某的其中一张银行卡交易明细：江某主张通过该银行卡向金某转账15笔，共计196.6万元。

第1笔，2015年10月2日，4万元。

资金来源：2015年10月2日，案外人蔡某汇给江某5万元，其扣除1万元后，转给金某4万元。

第2笔，2016年1月13日，8万元。

资金来源：曹某于2015年12月19日分三次汇给江某共计15万元，然后转给蔡某5万元，江某于2016年1月13日用自己的其他银行卡转到中国建设银行尾号2767，然后转给金某8万元。曹某是案外人成某的会计。

第3笔，2016年4月12日，50万元。

资金来源：曹某于2016年4月11日转给江某60万元，然后转给金某50万元，转给钱某10.5万元。

仅列举这三笔交易情况。在本案中，成某出具证明，称从未通过江某向金某还款，那么就无需追加成某为本案第三人。通过核对整理银行转账记录，实现了让枯燥的数字开口说话，证实成某提供虚假证言以及江某涉嫌虚假诉讼。

我向法庭提交对江某银行卡交易明细的说明和质证意见，并提出江某涉嫌虚假诉讼，要求移送公安，主审法官明确表示案件太复杂了，法院也查不明白，简单记个调查笔录，告知将该案移送公安机关处理。最后，法院裁定驳回江某的起诉，将犯罪线索移送公安机关处理。

第九节　让对方证据为你所用

当你承接一起案件后，一定要在庭前阅卷，知道对方已提交哪些证据，并且预判对方还有可能当庭提交哪些证据材料，从对方的证据材料中寻找对己方有利的案件信息，要是能达到对方自认的法律效果，那就更加惊喜。

我曾经代理一起行政案件，要做观摩庭，有两三百位新上岗的法官旁听。我曾经的一位同事也参加了此次上岗培训，庭后他主动和我打招呼，通过他认识的另一位法官对我说："在我印象中，观摩庭就是走形式、走过场，刚开始我就坐在前排睡着了。当我听到你说拿对方的证据作为自己一方的证据时，我突然就醒了，觉得很有意思，这不是预先排练好的。"

这是庭审中的一段插曲。被告在答辩期提交了一份参考材料，在庭审中不作为证据提交，我就抓住对方的这一证据为我方所用，证实其作出的行政行为程序违法，取得很好的庭审效果，令人耳目一新。

在一起保证合同案件中，我方是被告。被告曾给原告出具一份担保函，但在担保函中，被告没有保证的意思表示。原告在起诉前委托律师一块找被告以调解为名进行录音取证，当时被告也意识到了对方的意图。原告录音取证后，很快就向法庭起诉，并提交录音文字资料和光盘。我认真研究了录音内容，发现录音内容是对被告有利的，于是我就把对方的证据，拿来证明我方的观点。

“在2023年11月16日之前，被告也曾咨询过我，关于担保函的效力问题，我的观点是担保函并不体现保证的内容，抵押也是不成立的。录音时间是2023年11月16日，原告与委托的王某律师是否签了委托代理合同，被告并不清楚，但是被告认可王某律师在录音中提到的一些法律观点。07分42秒处王某律师说：‘你这个方案得重新写出来是吧’；07分53秒处王某律师说：‘担保没写你得补，你是承担全部责任，全部担保，你得写一个兑付不了的或者补不全了，万一兑付不了了’。从原告律师说的这些内容来看，他认为应当让被告重新出具一份保证合同或者承诺书，也就是说2023年5月13日这份担保函并没有保证的意思，原告代理人在录音中的法律观点，与被告代理人的观点是一致的。从录音内容来看，原告想达到三个目的，第一，债权转让，但这一点双方没有达成协议；第二，想让被告重新出具一份保证书，但被告也没有出具；第三，办理他项权证，因该房产属于夫妻共同财产，抵押也是不成立的。从原告提交的录音资料来看，已经否定了担保函的效力，但其在诉状中称有保证的意思，是没有事实与法律依据的。”

上述是我对录音资料部分内容的质证，原告以及代理人对我的质证意见没有提出任何反驳。根据一般人的理解，这份录音肯定是对被告不利的，因为原告是有备而来，带着律师来取证的。通过认真分析这份证据，从中得知原告以及律师对担保函性质的理解和法律意见。用对方的证据材料来证明己方的观点，实现乾坤大挪移。

第三章

审前准备程序之战

——先声夺人

按照全方位庭审技能体系的办案模式，在审前准备环节，作为律师就应当提出各种程序性事项，并请求法庭予以回应，或者说程序性争点问题要在进入法庭调查前解决，如此方能充分保障当事人的各项诉讼权利，同时，通过法官对程序性事项的处理作为识别和判断法官能否公正审理的线索，运用直觉的力量决定是否启动回避程序。审前准备阶段，是赛前的热身，影响着庭审进程以及裁判结果。当然，进入法庭调查阶段以及庭后，依然可以提出程序性事项，但是当事人已经失去控制权，难以实现诉讼目的，因此我特别强调在审前阶段要打好第一枪。

第一节　审前准备环节是赛前热身

《民事诉讼法》第一百四十条规定："开庭审理前，书记员应当查明当事人和其他诉讼参与人是否到庭，宣布法庭纪律。开庭审理时，由审判长或者独任审判员核对当事人，宣布案由，宣布审判人员、法官助理、书记员等的名单，告知当事人有关的诉讼权利义务，询问当事人是否提出回避申请。"

根据上述法律规定，在开庭审理准备环节，审判长或者独任审判员有两项重要工作：第一，核对当事人身份；第二，告知当事人包括回避权在内的各项诉讼权利。

在核对当事人身份环节，相信大多数当事人和律师都是这么做的——报告己方身份情况，对对方当事人以及诉讼代理人没有异议，对该流程习以为常，除了配合，很少提出其他程序性事项。事实上，在复杂、疑难案件中，这个环节对当事人来说非常重要，不仅仅是赛前热身，而且关系到整个诉讼战略战术问题。

关于程序性事项，建议在开庭前通过申请书的方式告知主办法官，比如申请庭审直播、请求法院向对方当事人本人下发到庭令、追加第三人申请书、转为普通程序申请书、开庭方式等，避免让法官感觉你在搞程序性突袭，这是对法官的充分尊重。在司法实践中，绝大多数法官对你的各项申请书在庭前不作任何答复或者回应，那么在开庭核对当事人身份环节就应该提出异议，不然贻误良机。

下面，我通过两个例子来谈谈程序性战略的应用。

第一，追加第三人申请

当主办法官对追加第三人申请没有作出回应，你可以在这个阶段提出异议，充分说明追加第三人对查明案件事实的重要性。譬如，在一起损害公司利益责任纠纷一案中，对方申请八名证人出庭，我方就追加这八名自然人作为本案的第三人，主审法官当庭准许他们作为第三人参加诉讼，也就是说在没有进入法庭调查前，已解决这一重大程序性事项。主审法官本以为支持我方的这项请求，我方就能配合继续开庭，因为证人身份发生变化，这需要合理的庭前准备时间，于是我提出给予我方以及第三人一定的答辩期、举证期限，充分保障当事人的诉讼权利。主办法官虽然有点不高兴，还是决定延期审理。

第二，请求法院向对方当事人本人下发到庭令

如果需要对对方当事人发问，那么你就应当在庭前向法院请求向对方当事人下发到庭令，但是法院一般不予回应。在审前环节，如对方当事人本人不出庭，你应当提出异议，否则你的发问权将难以保障。譬如：一起建设工程施工合同纠纷案件，第一次开庭时，我对其中一名被告不到庭有异议，并充分说明其不到庭，本案事实难以查清，经过与主审法官多个回合的交锋，主审法官告知：“原告代理人认为法院没有通知被告必须到庭参加诉讼，可能会使案件无法查清，坚持对方当事人必须到庭才能进行审理，本案今天休庭。对于原告的申请法院将依法作出处理。”我之所以如此坚决要求其中一个被告本人出庭，是因为两名被告和第三人伪造了大量的书证，比如承包合同、工程量确认单、竣工结算书等，如果不采取“发问质证法”，事实真相将难以查清。

在这个环节，主审法官没有支持你提出的程序性事项，可以在诉答阶段继续提出来，并且向法庭请求作为争议焦点优先进行审理，甚至可以在主审法官告知当事人回避权的环节，启动回避程序，以确保实现诉讼方案和策略。

法庭如战场，每一次庭审就是一场战役。

如果在这个环节取得一定成效，在接下的庭审环节中你将掌握更多的主动权，特别是发问。譬如一起损害公司利益责任纠纷案件，第五次庭审已经进行到上午11:30分了，我请求对原告以及第三人发问，法官问我大约多长时间，我说至少两个小时，但法官很有耐心地让我尽情发问，中间几乎没有打断。如果没有前期的程序性对抗，那么在庭审中发问时间之长、发问问题之多，显然是不可能的，会遇到来自法官、对方当事人的各种障碍。

关于程序性战略，在本书的其他章节均有事例和论述。在审前环节，提出各项程序性问题具有重大意义。其一，可以识别和判断主审法官能否公正审理案件，这就好比向一湖平静的水面，扔进一块小石头，先探探湖水的深浅，然后再决定是否启动回避程序；其二，当事人可以通过这种方式来争取各项程序性权利和诉讼权利，对庭审进程形成有效制动，从而影响裁判结果，实现个案的公平正义。

第二节　不同意撤回起诉

在民事诉讼中，当事人以及律师，是在法官的指挥下配合庭审进程，在庭审进程以及程序性事项处理方面是被动的。大多数律师同行都会习惯性地认为庭审的驾驭是法官的职责，而自己则是辅助庭审进程。但是殊不知，这种角色的自我定位，会让己方失去对庭审的控制权，不利于最大限度争取己方权利。

事实上，律师在尊重法官指挥权的基础上，完全可以运用程序性事项实现对庭审进程的驾驭，从而影响裁判结果，这也是我近两三年思考和践行的主题。

“畏惧法官”，我相信这是相当一部分律师在庭审中真实的内心活动和状态，对于律师来讲，这不是一个轻松的话题，也不是我们做一两个甚至更多案子，就能解决的心理困扰，这个畏惧是有很多因素在里面的，这需要我们不断地提高庭审技能和强大我们自己的内心，坚持我们的法律信仰，来克服对法官权力的畏惧。

下面，以甲诉乙公司、丙和丁公司建设工程合同纠纷案件为例来谈谈程序性战略的应用和实效，我是丙的代理人。

这个案情比较复杂，不同主体又多次进行诉讼，案情略。

开庭前，我准备开庭提纲到凌晨一点多，在微信朋友圈发了下面一段话：

直面恐惧的力量

几年前，有一起案件在某市某区法院遭遇败诉，深深自责；今天，俺又回来了，好好检验一下自己提出的全方位民事庭审技能体系的实效性，激发直面恐惧的能量。好梦，法治梦，中国梦。

本案诉讼策略和方案：（1）申请庭审直播；（2）请求法院给甲本人下发到庭令；（3）申请转为普通程序；（4）提起反诉；（5）启动回避程序。对于这五项程序性事项均有详细预案。

正式开庭前就有了一个小小的激烈交锋。

“请被告先回避一下。”主审法官说。

提交民事反诉状及相关证据材料后，甲解释说丙方不符合提起反诉的条件，因为丙在另案中已主张过权利被法院驳回了，对此我进行有理有据的辩驳。主审法官也犹豫不决了，提出让被告丙方先回避，她和原告沟通一下。我方接受上一次在该院的失败教训，提出强烈反对，认为当事人均在场，可以更好更有效地沟通案情，不同意回避。

“甲撤回对丙的起诉。”甲的代理人突然说。

经过沟通交流，甲方突然决定撤回对丙的起诉，现场写申请提交法庭。

“原告已提交撤回对丙的起诉，符合法律规定，准许原告撤回对丙的起诉。丙已不具备提出反诉的条件，请丙和代理人退出法庭。”主审法官宣布。

接着，审判员把反诉状和材料退还给我。

我提出严重抗议，认为丙提交的反诉状在前，应当进行依法审查并作出处理，而甲提交的撤回对丙的起诉申请在后，我方认为甲撤回对丙的起诉不符合法律规定。甲提起本案涉嫌虚假诉讼，损害了丙的合法权益，严重妨碍了诉讼秩序，不同意甲撤回对丙的起诉。另外，民事裁定书是法院作出的法律文书，需要履行一定的程序和具备法律规定的要件，独任审判员无权以自己的意志作出准许原告撤回起诉的民事裁定。

因此，我方和审判员发生激烈争吵，审判员把法警喊过来，法警按照其指示让我退出法庭，在程序性问题没有依法解决之前，我坚决不退庭。

坚持中，法警走了。这名审判员也离开审判席，去给院领导汇报相关程序性事项问题。

大约40分钟左右，审判员回来了。

然后，又喊过来两名法警，其中一名法警带着执法记录仪。

接着，正式开庭。

核对当事人身份后，口头告知裁定结果，准许甲撤回对丙的起诉。因甲撤回对丙的起诉，丙提出的反诉已没有必要。

最后，审判员宣布请丙和代理人退庭。

我提出反对意见，并说明理由。

“本案的裁判结果与丙有利害关系，庭后我方会申请以第三人身份参加本案诉讼。我们还会回来的。”我态度表现得非常坚决。

接着，我又补充一句话：“审判庭，有录像设备，也可以进行庭审直播。审判长喊两名法警要驱逐我和丙，审判长的这番操作令我十分愤怒和愤慨，我认为审判长这么做是对法律人的不尊重，是不当行为。”

我和丙离开审判席。

其实，当时我们也不想再纠缠，一个反诉，就把当事人从诉讼的泥潭中拽出来了，也验证了我的庭审技能体系的实效性。

开庭时间定的上午9:00，离开时已经11:30左右。

本案案情比较复杂，我提出的各项程序性事项无疑又增加了案件的复杂性，这给对方当事人造成一定的心理震慑，同时让法官也有一定的心理压力，庭前法官让我方回避做原告方的工作足以说明这一点。在审前环节，程序性策略运用得好，可以迅速结束战斗，减少诉累。

第三节　做好回避的预案

回避是程序性权利的最重要的保障措施，有必要对其进行强调和阐述。

在审前程序提出各项程序性事项，打破了习以为常的庭审流程，往往会导致法官与律师之间的摩擦和冲突，这对律师来说需要勇气，需要做好充分的回避预案。

当然，你以法官不能满足你的程序性事项作为回避理由，很难获得成功，这需要庭前准备两套以上的庭审方案，与委托人进行充分沟通在何种情况下启动回避程序，做好充分的预案，以免贻误战机。

以一起债权转让合同纠纷案件第三次庭审为例。

我代理被告出庭应诉。

庭前，我设置两套方案，第一套方案是，如法官不能满足我方程序性要求，则启动主办法官回避；第二套方案就是，法官满足我方程序性要求，则配合法庭走完庭审流程。两套方案都征得委托人同意。

审：被告对对方的出庭人员有无异议？

被代：要求看原告和两个第三人授权委托书、公函。

审：可以查看。（向被告代理人出示原告和两个第三人授权委托书及公函）》

被代：（1）对两名第三人今天未到庭有异议。

（理由：针对该点，被告在第一次开庭时已经提出书面申请，第一次庭审休庭也是因为第三人不出庭导致，第二次开庭也是基于第三人不出庭，被告提出程序问题，主审法官高某自行回避，两次庭审均有庭审直播和笔录，被告对此不予重复。）

（2）法院从2021年9月16日正式立案，截至现在已经7个月零20天，两次庭审均未进入法庭调查程序，这是司法资源极大的浪费，其主要原因在于第三人作为当事人不履行出庭诉讼义务，这种不诚信行为造成了诉讼程序的迟延，而原合议庭，漠视当事人的诉讼权利，不严格遵守法律规定，已涉嫌严重违纪违法。

（3）本合议庭在基于第一次、第二次开庭情况，在给第三人送达开庭传票时，有没有告知其本人应当出庭以及不出庭的法律后果，针对两个第三人未能亲自出庭，要求法庭责令第三人的诉讼代理人作出回复。

（4）对原告代理人和第三人代理人，是同一律所有异议，原告和第三人的诉讼代理人是同一律师事务所的律师，违反了律师执业规范，经查询原告的代理人是律所主任，从委托书显示的时间是2021年9月2日，两名第三人的委托书，显示的时间为2021年12月8日，也就是说尽管原告和第三人不是同一律师代理，但是基于第三人的诉讼代理人是律所指派的，且系配合原告进行诉讼的，涉嫌恶意串通，应当视为是同一律师代理。如第三人诉讼代理人坚持出庭，请求法庭向律师主管部门提出司法建议要求对其处罚。另外被告代理人在庭后也会向司法局、律师协会进行投诉，作为同行我建议原告和第三人代理人严格遵守律师执业规范，避免给自己带来风险，这是善意的提醒。

（5）我们对于追加王某某、于某某、刘某某为本案第三人，被告已经提交两次申请书，本案尽管经过两次庭审，但未进入法庭调查，双方均提交了证据材料，也就是说变更后的合议庭，对本案争议的事实已经很清楚，但被告在庭前未收到法庭的任何回复，这是程序的重大违法之处。

审：关于第三人本人未到庭的情况，根据民事诉讼法司法解释110条规定，在进入法庭调查后，视开庭情况进行要求。原告和两个第三人的代理人情况，是否和当事人进行过解释？

原代：已经进行过解释，符合律师规范。

第三人代：已经进行过解释，符合律师规范。

审：关于被告提交的追加的第三人申请，在本次开庭后视情况进行追加。

被代：原合议庭所进行的庭审仍然是有效的，在2021年12月9日第一次开庭时，详见开庭笔录，审判长向第三人的诉讼代理人已经释明，要求第三人在下次开庭时本人到场，对于原合议庭作出的释明，对本次开庭仍然有效，若这次庭审仍然纠结于第三人可以委托诉讼代理人出庭本人不用到庭，那么我认为本合议庭对该事情的理解是错误的。说句心里话，现在疫情严重，安排线下开庭不容易，我也为本次线下开庭耗费了一天时间，打电话询问防疫政策，去医院做核酸检测，但是我依然对第三人不出庭提出抗议，也许大家不一定理解我的行为，我也想开一次庭就结束完成我的任务，我们的立场、角色不同，但追求的目标是一致的，那就是个案公平正义。一个错案的负面影响足以摧毁99个公正裁判积累起来的良好形象，我在此坚持程序优先、程序正义，这是基于我内心对法律的敬畏和信仰。

审：不认可被告发表的案件事实已经认定的意见，在完整的结束庭审前事实无法认定，将继续进行庭审。

审：第三人对对方的出庭人员有无异议？

第三人代：无异议。

审：经核对，各方当事人和其他诉讼参加人均符合法律规定，可以参加本案诉讼活动。

审：根据法律规定，当事人对本案合议庭组成人员以及书记员有申请回避的权利。原被告第三人是否申请回避？

原代：不申请回避。

被代：有两点需要法庭释明。

（1）关于原合议庭回避的问题，2022年1月22日第二次庭审中因被告方提出程序问题暂时休庭，然后高某法官征求我方意见，是其自行回避还是被告方申请回避，我说要求审判长自行回避，庭审笔录有记载，对于高某法官是否已经回避以何种原因回避，被告至今不清楚，直到2022年4月15日收到法院电子送达的变更合议庭人员通知书才得知是当事人申请，这与事实不符，如果视为当事人申请回避，那么依据民事诉讼法第49条和第50条规定，高某法官回避应当由院长决定并且在提出申请的三日内以口头或者书面形式作出决定，且要告知当事人的诉讼权利。而合议庭成员的变更如因我方申请所致，那么原合议庭还有两名人民陪审员，我方并未申请其回避，或要求其自行回避，另外两名合议庭成员因何种原因不参与本案审理，法庭在开庭前并未告知我方，若人民陪审员回避，依据《人民陪审员法》第18条规定，适用审判人员回避的法律规定，对于自行回避或者因当事人申请回避，都有明确法律规定，原合议庭成员因何种原因回避的要求法庭给予说明并记录在案，这也涉及被告是否要求变更后的合议庭成员是否回避的问题。

（2）本案是普通程序审理，立案时间是2021年9月16日，2022年3月15日审限已经届满，在审理期限届满前被告方没有收到延期审理的通知，也没有收到中止审理的裁定。2022年1月20日，本案的审判长已经做出变更，但被告方没有收到法院合法送达的高某法官回避的决定书，变更后的审判长并没有严格按照法律规定程序通知我方原合议庭回避的事项，也没有在审理期限届满前依照法定程序办理延期审理手续，也就是说本案的主办法官严重违反了民事诉讼法、法官法，以及《最高人民法院关于严格规范民商事案件延长审限和延期开庭问题的规定》第1条、第2条、第4条，本案合议庭成员存在故意拖延办案的违法违纪行为，请审判长对被告方刚才提出的两点给予释明，被告方将根据审判长的回复决定是否申请回避。

审：对于被告方提出的两点，我曾经与被告代理人进行过沟通，高某法官的回避是由院长决定，我无法回答。关于审限届满，已经安排在3月份开庭，但因为疫情原因，我亦被隔离，所以排庭到现在。

被代：对于审判长的解释有异议，审判长的确在2022年1月20日下午与我进行了沟通，但是仅告知我主办法官变更，并未告知我原因，另外两个合议庭成员为什么没有参加本案的庭审？

审：人民陪审员不是固定坐班。对于合议庭组成人员孙某法官我已经提前告知，且已经提前发送变更合议庭通知。

被代：审判长刚才说因为疫情原因，疫情属于不可抗力，如果在审限届满前不能审结，出现这种情况法律是有明确规定的，可以裁定中止审理，我们刚才针对第三人本人，是否应当出庭我明显感觉到审判长的思路，已经回到了第一次庭审中，这也是为什么第三次开庭我仍然要强调程序正义、程序优先，既然审判长认为本案目前的程序问题，不影响后续实体审查，我认为这种理解是错误的。关于严格规范民商事案件延长审限和开庭的规定第4条，我认为关于延期审理是应当向当事人通知的，从刚才审判长对延期审理送达问题的理解，对于其故意拖延办案的行为并没有深刻的认识，被告要求审判长自行回避。

（对于延期审理的问题，审判长说无需给当事人送达，于是我就当庭念了法律条文，这在第一套开庭方案中已作出预案）

第三人代：不申请回避。

审：被告明确一下是要求审判长自行回避还是申请审判长回避？合议庭其他人员是否申请回避？

被代：申请审判长回避，对合议庭其他成员暂时不申请回避，因为对于延期审理这样的违法行为，其他合议庭人员有无责任暂时不清楚。

审：根据民事诉讼法的规定，审判人员的回避由院长决定，所以因为被告提出了回避的申请，本次开庭到此结束。待作出是否回避的释明之后再行审理。

被代：如现在法院不能提供合法的延期审理的手续，就视为没有办理合法手续。

审判长宣告休庭后，原告、第三人的诉讼代理人迟迟没有离席，似乎在等审判长给院长汇报后再继续开庭。

“审判长，今天还继续开庭吗？”几分钟沉默后，原告代理人问。

“今天不开了，都回去吧。”审判长说。

“上去给院长汇报，应该很快的，我们可以等一会。”原告代理人说。

“另定开庭时间。”审判长说。

一个月后，接到法院电子送达的变更合议庭成员通知书，但法院并没有作出段某某回避的书面决定，也没有给予口头告知。

在核对当事人身份阶段，大部分当事人仅仅是听从法官的指挥，对当事人是否应当出庭、是否应当追加当事人等程序性事项往往不提异议，这会错失一次表达诉请的最佳机会。我在代理疑难、复杂案件时，庭审中的第一次交锋在法庭准备阶段就已展开，相信会引起法官对实体正义的关注和重视。

在本案中，我要求两名第三人本人出庭是为了行使发问权，通过发问来揭露原告和第三人涉嫌虚假诉讼的违法犯罪行为。在本案中，审判长对第三人本人出庭的必要性理解不到位，不利于案件事实的查明，于是我以审判长拖延诉讼的理由申请其回避。

在本案中启动两次回避均获得成功，经过五次审理，法院裁定驳回原告的起诉，且各方当事人均未上诉。我之所以将庭审笔录的大部分内容整理出来分享，是因为希望对大家有所借鉴。

第四节　提供程序性争议替代解决方案

较真于程序性事项是否真的有必要？这是一个值得思考的问题。

我认为程序性事项，是诉讼权利的重要保障，是确保实体公正，绝不是为了拖延诉讼故意挑毛病，这也是我之所以较真于程序性事项的初心和动力。

通过实践观察，民事法官往往不重视诉讼程序，比如开庭前三日不告知合议庭成员、临时更换审判组织成员、对当事人庭前提出的各项程序性事项不予回应等等，在不组织庭前会议的情况下，直接安排开庭，在庭审中又因解决程序性问题，往往导致休庭以致延期审理，这是庭审效率低下的一个重要原因。

有些法官不理解，有些律师同行也不理解，我也曾经很纠结、很痛苦，曾深刻反思，有没有更好的沟通方式和路径呢？

在一些案件中，为避免因程序性争议造成诉讼迟延，我主动建议："在程序性事项没有解决前，我不同意正式开庭，但可以将本次庭审转为庭前会议或者证据交换，有利于下一次的集中审判。"

这种善意的建议，大部分法官是同意的，但也有极个别的法官执意推动庭审。譬如，在一起民间借贷纠纷案件中。庭前，我提出转为普通程序审理、申请追加第三人、将犯罪线索移送公安机关等，但主审法官认为经过法庭调查再议，我就提议召开庭前会议，也被法官拒绝，然后我启动了回避程序。这时候，主审法官对我提出的回避申请进行解释，并且说："你应该是主要做刑事案件吧，可能对民事程序不太熟……"我告诉法官："我很少做刑事案件，我主做民商事案件。"

法官和我商量能否进行证据交换，我坚决不同意，并提出回避申请。

庭后，经过和法官沟通，撤回了回避申请，这个案子没有再组织开庭，法院直接裁定驳回原告的起诉并将犯罪线索移送公安机关处理。

在民事诉讼中，庭前会议制度，这是法官与当事人、诉讼代理人相互尊重、充分沟通的重要机制，通过这种方式在庭前解决程序性事项、争点整理等，有利于集中审判，在个案中提高审判质效。

在启动回避程序前，提出替代性方案，有利于提高个案的公正与效率。当你提出各种程序性事项得不到支持的情况下，可以提出解决方案，比如将开庭更换为庭前会议或者证据交换，如果法官还是不同意的情况下，然后再启动回避程序。

在审前环节能否实现程序性利益，这需要做到以下四点：

（1）对抗性。针对每一个程序性事项要准备两三个回合的有效沟通，或者说对抗，不然难以奏效。（2）时间性。需要程序性组合拳，庭审程序需要持续一个小时到一个半小时，根据案件情况灵活掌握。（3）做好充分的回避预案。（4）做好长期战斗准备。

譬如：在一起建设工程施工合同中，我代理原告，前三次庭审没有进入法庭调查；在一起债权转让合同案件中，我代理被告，前四次庭审没有进入法庭调查，等等。

第四章

对法官的选择

——回避也许是最好的选择

这本书，笔者最想给大家分享的内容之一就是回避，但题目是“对法官的选择”，这并非标新立异，主要还是想引起大家对回避制度的思考。回避制度是确保案件公正审理的重要诉讼制度，是当事人的一项重要的诉讼权利。三大诉讼法规定的审判组织，不管是独任制还是合议庭，包括人民陪审员参与合议庭审理案件，均是法院依职权产生，并没有当事人的参与，并且未规定无因回避的情形，相信大多数当事人基于各种利益考量而不敢行使回避权，特别是在民事案件中。尽管其他章节诸多内容涉及回避方面的内容，为克服当事人对回避法官的恐惧心理，笔者认为有必要独立一章来探讨这个话题。

第一节　启动回避程序之条件、现状及实效

大家对辛普森世纪大案并不陌生，抛开梦之队辩护团队卓越的辩护，制胜之基在于遴选一个理想的陪审团，否则这样的奇迹难以出现。因此在本章才花费很大篇幅探讨回避实操问题。

回避制度，是确保法官公正审理案件的重要诉讼制度设计。

在民事诉讼中，相当一部分当事人、律师基于各种顾虑不敢启动回避程序，相信从事民事审判的法官也很少遇见对其回避的事情。我曾经问一位法官是否遇到当事人申请其回避，他沉思片刻说他从事审判工作30多年了，只有两起案件当事人申请其回避。

在一起第三人撤销之诉案件中，我在庭前已向法院申请向对方当事人下发到庭令，并签署诚信诉讼保证书。因对方当事人未出庭，并没有说明正当理由，法官执意推进庭审，于是我启动回避程序。

休庭期间，我和一名人民陪审员闲聊得知其有五六年陪审的经历，我问她："在您陪审期间，遇见几次申请回避法官的事情？"她说："这是第一次。我感觉今天的开庭像电影中的情节。"

当事人申请法官回避，除了考虑对裁判结果不利的因素外，还有非常重要的一点就是回避制度设置存在的问题。

《民事诉讼法》第四十七条规定："审判人员有下列情形之一的，应当

自行回避，当事人有权用口头或者书面方式申请他们回避：（一）是本案当事人或者当事人、诉讼代理人近亲属的；（二）与本案有利害关系的；（三）与本案当事人、诉讼代理人有其他关系，可能影响对案件公正审理的。审判人员接受当事人、诉讼代理人请客送礼，或者违反规定会见当事人、诉讼代理人的，当事人有权要求他们回避。审判人员有前款规定的行为的，应当依法追究法律责任。前三款规定，适用于书记员、翻译人员、鉴定人、勘验人。”

从上述法律规定来看，当事人申请回避能否成功关键在于法官是否具有回避的法定情形，需要说明理由，不能仅凭直觉判断或者合理怀疑，这就是“有因回避”制度。人民陪审员的回避问题，也参照法官回避制度执行。在司法实践中，回避成功率比较低，当事人自然不敢轻言回避。

因此，大家才不去关注和思考回避制度对庭审进程以及裁判结果的影响。当你接受一个案件时，法院以职权指派审判组织进行审理，对于当事人来说具有运气的成分，可谓听天由命。

事实上，我们没有必要对启动回避程序心存畏惧，如果掌握一定的方法、时机，回避成功率会相对高一些，即使不成功，亦不会产生不利影响。

一、回避四步法

根据庭审实战，我总结出在设计回避预案时要遵循的“四步法”。

（1）克服对启动回避程序的畏惧心理，加强心理建设。

我和一位律师同行聊回避的话题，她说：“大家不缺少宏观指导，民事诉讼法以及司法解释对回避情形规定得非常详细。”我非常赞同这个观点，其实大家缺少的是勇气，不敢尝试用回避程序来追求个案的公平正义。我执业20多年了，经常启动回避程序也是从2021年开始的，在此之前，我和大家的想法是一样的。牢记回避的目的，不是为了拖延诉讼，而是实现个案的公平正义，那么我们就应当做到心无挂碍，无所畏惧。

（2）识别与判断。那么该如何识别与判断呢？

检索。当我们承接一个案件后，首先要通过中国裁判文书网、中国庭审公开网等各种途径，了解主审法官的庭审风格、职业素养、裁判思维等，然后运用直觉作出主审法官能否公正审理的初步判断。举个例子，我曾代理一起民间借贷案件，上网检索本案主审法官，发现主审法官曾审理过原告另一起民间借贷案件，另案有诸多疑点，被告不出庭、不答辩、不提交证据材料、不上诉，而且是现金交付。本案与另案有诸多类似之处，于是我就判断主审法官的裁判思维不利于本案件的公正审理。在第一次开庭时，我就启动回避程序，成功回避这位法官。

《全国首个法官与律师大数据监督平台上线》（来自浙江省纪委省监委网站）提到这样的内容："如何规范法官与律师交往？运用数智赋能加强对司法权运行的监督制约，成为省纪委省监委驻省高院纪检监察组创新监督方式的方向。去年初，该组在内部监督合力上做"加法"，会同省高院督察室、审管处、大数据处在广泛调研基础上，依托全省法院统一办案办公平台，牵头开发"法官与律师办案监测系统"，自动抓取律师、律所代理案件数据，并与办案信息关联分析，定期对每位法官承办案件中代理案件数量居前三位律师和律所数据进行内部通报，对数据异常的办案人员进行提醒，有效防范违规代理、介绍案源、违反回避制度等问题。"

在承接案件后，要及时掌握对方当事人的律师情况，通过检索判断对方律师和主审法官之间，是否有可能存在不正当的关系，这也是非常重要的识别线索。

庭前的观察与交流。庭前无意识的交流，可能暴露出法官的法律观点、裁判思路以及是否有倾向性，因此要细心观察。譬如，一起民间借贷纠纷案件。在开庭前，我和主审法官说，被告并没有收到原告的48万元现金，主审法官说，你方没有收到借款要提供证据，显然这种举证责任的分配是错误的，更加深了我对这个法官的初步判断是正确的。

对程序性事项提出异议。针对一些重大、复杂的民事案件，在庭前可能要提交各种申请书，比如庭审直播申请、转普通程序申请、请求法院对原告本人下发到庭令等，如果法官对你提出的各项申请，在庭前没有任何答复，或明确答复不予支持，再或者说等法庭调查后再合议，可以判断法官对程序性事项比较漠视。通过程序性事项来识别与判断主审法官能否保障程序正义，是否是走流程走过程，进而判断法官能否公正审理。程序性事项的异议，犹如向平静的一潭池水投掷一块小石头探知深浅，没有程序性正义难以保障实体公正。

（3）与当事人充分沟通，尊重当事人的选择。

根据第二步所形成的判断，庭前与委托人充分沟通，说明申请法官回避的利弊，提出专业性意见，充分尊重当事人的选择，以最大程度维护当事人合法权益，避免职业风险。

（4）庭前与法官沟通要求庭审直播，提高回避成功率。

从2021年开始，我才真正意识到庭审直播对裁判结果的重要影响。在一些重大复杂案件中，我经常申请庭审直播，主审法官一般都能准许。从2023年底开始，法院基本上不再主动进行庭审直播，即使提出申请也很难获得准许。

2024年，我代理的一起采矿经营权纠纷二审案件，我向泰安市中级人民法院提出庭审直播申请被准许。通过中国庭审公开网查询，2024年5月30日、6月6日两次庭审均可以观看，距离这次直播最近的时间是2023年11月2日。

尽管庭审直播案件数量大幅度下降，但《最高人民法院关于人民法院直播录播庭审活动的规定》并没有废止，因此我们要利用好庭审直播这一公开方式。庭审直播，这种动态方式让一般人都能直观判断出法官对案件的认知模式、裁判思维以及倾向性等，可以形成有效的监督，并且可以提高回避成功率。

掌握启动回避程序四步法，这只是最基础的准备工作。

二、如何提出回避事由

在庭审实战中，如何提出具体的回避理由，这决定着回避的成败。在具体操作时，不能简单地说我认为法官不能公正审理案件，于是申请法官回避。当你预判法官不能公正审理案件时，可以抓住法官常犯的程序性错误作为回避理由。

（1）**不依法告知审判组织成员**。

这种程序性瑕疵，二审法院普遍存在。经过观察，民事二审案件，大部分采取法庭调查方式审理。对于合议庭成员组成，在庭前一般不告知当事人，大多是主审法官或者法官助理主持法庭调查，当庭告知。对于这种情形，我一般会提出异议，认为开庭程序不合法。

有个律师同行告诉我，他在一起二审民事案件中就运用我传授的方法。主办法官当庭告知合议庭组成人员，他说："审判长，合议庭组成应当在开庭前三天告知，而不是三秒。"庭审就没有进行下去，通过这种程序性互动，可以让法官认识到一审裁判存在的问题，后来同行说这个案件二审部分改判，效果特别好。

（2）**超过审理期限，不依法办理延期审理手续**。

简易程序、普通程序审限、开庭间隔时间以及延期审理程序等，都有严格规定，不管是一审还是二审法院，相当一部分法官是漠视的。当你提出法官违反审限的规定时，有些法官会嗤之以鼻，认为这些程序性事项并不影响实体公正。

（3）**对简易程序、独任制审判组织的异议，不以裁定的方式作出**。

2021年修改的《民事诉讼法》对简易程序、独任制审判组织提出的异议，明确规定要用裁定的方式进行处理，但很多法官并不按照法律规定处理，这也是我们提出回避的理由。

（4）**对回避事项不予受理，或者向分管院长汇报决定**。

对于审判人员的回避，由院长来决定，对此民事诉讼法有明确规定。譬如在一起民事二审案件中，济南市中院某法官出去走了一圈，回来就口头告知经向分管院长汇报，决定驳回回避申请。

（5）在开庭时，合议庭成员随意离席。

在民事庭审中，法官或者人民陪审员随意离席是很常见的，相信很多人并不会或者不敢提出异议。我代理的一起建工案件中，就有一个人民陪审员屁股还没有坐热，然后起身离席去陪审其他刑事案件去了，于是我要求其自行回避，最后这个人民陪审员就主动回避了。认真观察庭审中正在发生的事情，及时抓住有利时机，总能实现回避的目的。

（6）其他程序性问题。

在诉讼过程中，提起程序性问题是识别和判断法官能否公正审理案件的线索，比如案件比较复杂，要求转为普通程序审理，法官不予理睬或者不能依法处理的，这个时候通过直觉可以判断这个法官不能公正审理，然后作出相应的策略和方案。在庭审中提出程序性问题，应当服务于整体的诉讼方案，并不是单纯为了挑程序性问题而拖延诉讼。

在我所有申请回避成功的案例中，法院均没有出具书面的决定书，只是告知新的审判组织，对于同样的回避理由，不同法院、不同的案件处理结果亦不同。

在重大、疑难、复杂案件中，在设定诉讼方案与策略时，启动回避程序应当作为一项预案以保障整体诉讼目标的实现，不是为了回避而回避。

我曾经认为，只要是运用庭审技能把案件真相揭露出来，任何法官都不会、不能、不敢枉法裁判，可事实上有时并非如此。

当直觉告诉你这个法官不能公正审理，启动回避程序不仅是为了追求程序上和实体上的公平正义，也是对法官的最好保护。

三、回避处理结果

有一些法官对回避程序比较漠视。在司法实践中，法院或者法官对当事人提出的回避事项有五种常见的处理方式。

（1）当庭驳回回避申请。

一起民间借贷纠纷案件，我代理被告。第一次开庭，我提出庭审直播申请、请求法院向原告本人下发到庭令、转普通程序申请。主审法官同意庭审直播，但对后两项请求不予支持。

在核实当事人身份阶段，我对原告本人不出庭有异议，并说明理由，请求责令原告诉讼代理人说明原告本人不出庭的事由，审判员认为原告聘请代理人可以不出庭。接着，宣布法庭调查。审判员告知当事人诉讼权利，于是我就以法官不支持己方的合法请求申请其回避，并详细说明理由。这名审判员不假思索地说："被告申请回避的理由不成立，当庭驳回回避申请。"

如此处理超出我的预料。我又提出异议，认为不符合《民事诉讼法》第四十九条之规定。接着说道："感谢法庭对本案进行庭审直播，自愿接受当事人以及社会公众的监督。审判长即使是法院院长，也无权决定自己的回避事项。审判长不能依法处理回避事项，这是被告提出回避的新的事由。"我刚说完，这位审判员已经意识到对回避事项处理不当，宣布休庭了。

（2）对提出的回避申请不予受理。

在山东某法院代理的一起合同无效确认案件中，因程序性事项已回避原主审法官，更换后的主审法官是赵某。我当庭申请赵某回避，赵某对回避申请不予审查。

（3）主审法官认为回避由庭长或者副院长决定。

在一些案件中，主审法官当庭表示，对当事人提出的回避申请给庭长汇报，这种情况我遇到过几次。在我代理的一起案件中，我申请审判长和主审法官回避。休庭后，合议庭成员离席出去合议，并且还能听到打电话的声音。不到十分钟恢复庭审，审判长宣布经过给分管副院长汇报，驳回我方的回避申请。经过三四轮的反对，审判长依然执意继续开庭，最后我说："另一名合议庭成员不能依法履行审判员职责，不能依法监督审判长和主审法官依法处理回避事项，现在我申请另一名审判员回避。"最后，审判长不得不宣布休庭。事后，审判长主动与委托人沟通说明情况，委托人撤回回避申请。

（4）驳回回避申请和复议申请，法院更换审判组织。

在一起房屋买卖合同中，我方申请独任审判员回避，法院驳回回避申请，然后我方又提出复议申请，又被驳回。结果是，本案更换审判组织，由三名员额制法官组成合议庭。

（5）主动提出让当事人申请其回避。

在一起建设工程施工合同纠纷案件中，我代理原告。我提出庭审直播申请、请求法院向对方当事人下发到庭令，主审法官就和我商量申请其回避，我说申请回避不太好，还是提交一份更换合议庭成员建议吧，然后由三名员额制法官重新组成合议庭。经过审理，一审法院支持了原告的诉讼请求。这种情况，我遇见过几次。根据实际效果来看，如果法官提出这个想法，不管法官是什么原因，我个人建议一定要更换。

四、回避实效

大家会非常关心启动回避程序对裁判结果有何影响，有多大的影响。这从主观性、客观性上来讲都缺乏评判标准，更无法通过被回避对象进行确认，我只能根据个案谈谈主观感受。

（1）启动回避程序，赢得二审开庭机会。

在甲方诉乙方、丙方民间借贷二审案件中。乙方、丙方一审败诉后，均提起上诉。我作为乙方的二审诉讼代理人。法院送达的电子开庭传票，传唤事由为调查。乙方开庭时，当庭提出庭审直播、正式开庭请求，遭到主审法官拒绝，于是乙方提出回避申请并阐明理由，接着丙方亦提出回避申请。法院驳回乙方和丙方的回避申请，但主审法官同意庭审直播和正式开庭的请求，这使二审部分改判得到程序性保障。

（2）启动回避程序，保障程序正义。

甲、乙诉丙房屋买卖纠纷一案，我代理丙方。庭前，我方提交互联网庭审直播申请书、转为普通程序申请书，希望法院能够公开、公正审理此案，打造阳光下的庭审。审判员同意庭审直播，但不支持转普通程序申请。我方申请独任审判员回避，法院驳回回避申请，然后我方提出复议申请又被驳回。结果，本案更换审判组织，由三名员额制法官组成合议庭，保障了程序正义。

（3）启动回避程序，保障当事人发问权。

当你将发问作为案件突破口，对方当事人出庭是重要条件。在庭前，可以提出向对方当事人本人下发到庭令，如对方当事人不出庭，且法官亦认为没有出庭之必要，这个时候启动回避程序以捍卫当事人发问权。

在一起债权转让合同纠纷案件中，开了五次庭，回避了两组法官，最终胜诉；在一起建设工程施工合同纠纷案件中，法院已开了四次庭：第一次因对方当事人未出庭，我方表示强烈反对而休庭；第二次庭审申请一名陪审员自动回避；第三次申请主审法官回避，后撤回回避申请；前三次均未进入法庭调查，第四次庭审，我当庭举报对方当事人涉嫌妨害作证罪，法院裁定中止审理。

（4）启动回避程序，促使法院将犯罪线索移送公安处理。

在一起民间借贷纠纷案件中，我与一审法院的观点存在冲突，我认为是典型的套路贷，而一审法院认定借贷合法有效。被告不服一审判决，提起上诉。二审组织两次庭审，因启动回避程序，庭审程序还没有走完。二审第二次庭审时，我当庭又向法院控告对方涉嫌虚假诉讼罪，但是法官告知上诉人，可以去公安机关报案并限期反馈处理情况。我意识到法院并不想移送，请求合议庭撤回告知问题，并启动回避程序。法院虽驳回我方的回避申请，但将犯罪线索移送公安机关处理，这也是很大的收获。

回避程序的启动，不是为了回避而回避，而是双方当事人、法官三方回归到案件本身，让真相展现于法庭上，真正实现庭审实质化，从而保障个案的公平公正。

第二节　申请回避之前有话说

我曾经和一位律师朋友探讨回避如何启动的问题，他打算申请法官回避，因为他所有的申请事项均未得到法官支持，但在庭审中他并未行使回避权。事后，他感觉很遗憾，然后把庭审笔录发给我。

我看过庭审笔录后，感觉很遗憾。由于没有启动回避程序，开庭流于形式。

庭审片段：

审：是否申请回避。

原告：不申请。

被告：不申请回避，我方对简易程序处理有异议。（具体理由略）

审：根据本案案情，本案采用简易程序并无不当，本案着重处理实体问题，程序适用问题从目前来看，不会对双方当事人产生实质影响。

无可奈何，整个庭审流程走完了。

如果我遇见这种情况，一般会这样处理。

审：是否申请回避。

原告：不申请。

被告：审判长，我方对简易程序处理有异议。

审：我现在问你是否申请回避，请直接回答。

被告：审判长，请允许我把理由讲完，我是否申请回避取决于你对程序性事项的处理。

这个时候，我会提出来，鉴于法院对程序性事项优先于实体审查，建议今天的庭审转为庭前会议或者证据交换，一般情况下法官会同意的。如不同意，再申请回避，理由就是主审法官不能依法处理程序性事项，不能公正审理此案。

还有一个律师同行就处理回避问题提供一个新方案，值得借鉴。她说："我有一个案子开庭，开庭问是否申请回避，我说暂时不申请，他又问，我还是这样说，他说你到底是申请回避还是不申请回避，我说发现回避事由就申请回避，暂时先不申请。"

我提出全方位构建庭审技能体系的概念，就是要通过程序性事项，实现对庭审进程以及裁判结果的影响，这种方法不是干扰法官审理案件，亦不存在扰乱法庭秩序的想法，就像首席大法官张军所说：老百姓到法院是为了解决问题的，绝不是来"走程序"的。

回避，是对诉讼权利的保障性措施，在诉讼中一定要有启动回避程序的预案。

第三节 “审判长，我也申请您回避”

二审案件大多以法庭调查方式审理，当你的直觉告诉你法官走流程走过场，漠视程序正义，不能公正审理，可以抓住程序违法之处申请其回避，从而引起法官对案件本身的关注。

甲方诉乙方、丙方民间借贷二审案。

乙方、丙方一审败诉后，均提起上诉。我作为乙方的二审诉讼代理人。

法院第一次送达的电子开庭传票，开庭方式为调查。乙方本人因身体原因住院，不能亲自出庭，另外与我其他案件时间有冲突，经协调未果，于是我以邮寄的方式向法院提交延期审理申请书。

法院依然开庭，我和乙方均未到庭。

第二次送达的电子开庭传票，开庭方式依然是调查。

在庭前，我和法官助理沟通要求庭审直播，法官助理告知庭审直播需要提前申请，而且这个审判庭没有直播设备。

“第一次法庭调查，乙方由于身体原因不能参加。本案案情比较复杂，本庭决定举行第二次法庭调查……”

法庭调查前，主审法官解释第二次法庭调查的原因，想表达其对案件认真负责的态度。

我对法官这样说，“主审法官刚才提到本案案情复杂，我方同意您的观点。本案案情的确比较复杂，通过第一次法庭调查，相信合议庭已经对本案案情十分了解。既然如此，本案采取以调查作为开庭方式，是不合法的。”

此案审限马上届满，第一次法庭调查存在程序问题，法庭才举行第二次法庭调查，基本上是走流程，裁判结果基本上能够预判。

主审法官对我方提出正式开庭的诉请不予支持，且不能庭审直播。于是，我就以本次庭审方式不合法，第一次法庭调查剥夺我方诉讼权利，且与本案有关联的其他案件，主审法官作为合议庭成员之一没有公正审理等理由，申请主审法官回避。

估计，这个法官遇到这种回避情形并不多，明显感觉到了他有些不悦。

接着，他宣布暂时休庭，欲离席给院长汇报。

“审判长，我也申请您回避……”这时，丙方律师也适时地提出回避申请。

丙方律师提到主审法官，在处理另外三个案件时作为合议庭成员之一存在枉法裁判行为，并且要向有关部门进行举报、控告。

主审法官责问丙方律师有什么证据证明，其有枉法裁判行为，经过不友好的短暂沟通，法官极其愤怒地说：“你作为律师要好好学习法律知识，不能发表毫无依据的意见，不能胡说八道……”

第二次法庭调查就这样结束了。

十天后，主审法官口头告知驳回回避申请，并且说充分尊重我方的请求，下一次正式开庭采取庭审直播方式。

第三次开庭时，庭审进行了近四个小时。这次庭审，乙方、丙方的诉讼权利得到充分的保障，通过回避程序的启动保障了程序正义。这个案件二审法院部分改判，为委托人挽回经济损失达200万元。

第四节　“审判长，我还没有说回避理由呢”

回避这个话题有点严肃而沉重，因为启动回避程序使法官与律师冲突最大化，直接影响着庭审进程以及裁判结果。

如何运用好这一程序性事项，需要做好各种预案，比如具备什么条件、在哪个庭审环节启动以及预判产生的后果等，这需要勇气、应变力以及智慧。

在一起民事案件中，主办法官对处理回避事项比较漠视，甚至是有点情绪化。

在这个案件中，我对线上开庭方式提出反对。

本案开庭传票定于2023年11月30日8:40开庭，然而七名第三人未到庭，合议庭合议同意他们可以参加线上开庭，事后发现9:01短信通知我网上开庭。从庭审情况来看，第三人于某驾驶车辆参加庭审，并且时而发笑，不仅置自己和周围群众的生命和财产处于危险状态，而且也是对法庭权威的蔑视；第三人赵某本人未到庭；其他六名第三人，三三两两用一个端口参加线上开庭，这给他们串供带来方便。据了解，他们离法庭特别近，其中一名第三人可以驾驶车辆参加庭审（后经过制止停在路边），却没有时间来法庭面对面开庭。

但主审法官执意要继续开庭，于是我说我申请审判长回避，接着审判长就宣布休庭，然后给院长汇报回避事项。

审判长回来后宣布法院的决定，驳回回避申请。

“审判长，我还没有说具体的回避理由呢，你知道我的回避理由吗？你是怎么和院长汇报的？”我平静地说。

审判长很无奈，让我继续说回避理由。

我申请审判长和人民陪审员回避主要理由如下：

（1）开庭程序不合法。

作为审判长在主持庭审时存在失误，被告收到开庭传票是8:40，直到接近9:30才进入到庭审，对于8名第三人以电话方式申请线上开庭，并没有问第三人的理由是什么，从画面看，这些第三人均是在办公室或者在车里参加庭审，他们完全可以尽快赶到法院参加庭审，如果现在能亲自来，被告也愿意等待。第三人林某、于某某、王某某在一个端口参加庭审，他们的作用相当于证人，是为了查清案件事实才申请他们作为第三人参加诉讼，他们在一个端口就存在串供的问题，这一点审判长是知道的，不利于案件事实的查明，对于他们不能参加庭审的理由刚才我请求审判长询问，但审判长没有依职权查明，而是说庭前已经合议他们用这种方式参加庭审是合法的，所谓的合议也是敷衍。

（2）第三人有出庭的必要。

本案审判长是××案件主办法官，相信审判长在庭前也查阅了该卷宗，那个案件先后开了5次庭，回避两组法官，另一个案件中法院向原告、被告及第三人都下发了到庭令，也就是说根据《关于适用〈中华人民共和国民事诉讼法〉的解释》第110条，对于另外一个案件，本案审判长是清楚的，他们是有出庭必要的，比如孙某在2021年12月20日出具的情况说明，在本案中又出具一份证明，孙某在另案中陈述其中540万元是出借给刘某的款项，在本案中又陈述是孙甲委托他给刘某打款，成了公司的投资款，可以看出第三人在另案中和本案中的证明是相互矛盾的，如果本案审判长不是另案的主办法官，可以解释开完庭再研究他们有没有出庭的必要，但现在不是这种情况。

（3）我在本案和另案中数十次提出举报、控告，主审法官没有依法处理。

另案中我作为刘某的代理人多次提出要求法院追究赵某等人的法律责任，正是因为审判长在另案中，并没有对他们的虚假诉讼行为依法进行处理，这是一种渎职行为，从某种程度上是纵容他们继续犯罪的行为，本案虽然没有进入法庭审理，但事实是非常清楚的，法院应直接裁定驳回起诉，将犯罪线索移送公安机关处理，或中止审理本案，将犯罪线索移送公安机关处理……因此被告认为原告和第三人虚假诉讼犯罪事实比较清楚的情况下，在另案中也没有对他们进行处罚，在本案中也没有依法进行处理，审判长不适合审理此案，在处理程序问题时也没有尽到责任。

在本案中，如果法官很好地处理开庭方式，向第三人本人下发到庭令，接受法庭质询，我就不会启动回避程序。正是因为主审法官执意走流程，我才下定决心申请其回避。

我说了大约二十分钟，然后再次休庭。

第二天，这个案子组成新的合议庭，这个法官回避了。

我的同事宋春丽律师[①]，在一起劳动争议仲裁案件中，使用同一方法叫停案件。某人力资源和社会保障局作出决定书认定甲受到的事故伤害属于工伤，其所谓的用人单位乙公司不服工伤认定，提起行政诉讼。在此期间，甲向劳动争议仲裁委申请要求用人单位支付工伤保险待遇。乙公司庭前申请要求中止审理，仲裁委不同意。

开庭时，仲裁员连当事人权利义务也不宣布，直接宣布开庭。

“仲裁员，我申请你回避。”宋律师说道。

仲裁员什么话都没有说，起身说和领导汇报。

“仲裁员，你还没有听取我的回避理由呢。”宋律师说。

“不用说了。我和领导汇报换仲裁员审理。”仲裁员有点不耐烦地说。

一会儿，换了一个仲裁员主持庭审。

---

① 宋春丽，北京市盈科（济南）律师事务所律师，2022年度、2023年度盈科全国优秀民事律师。擅长民间借贷、金融借款、合同纠纷、案件的申诉、再审诉讼类业务，不良资产处置等金融类非诉业务。

“仲裁员，本案案情比较复杂，我要求组成合议庭审理。”宋律师对仲裁庭的组成提出异议。

这时，这名仲裁员又向领导汇报去了，然后仲裁委终于同意中止审理本案。

在刑事案件中，也同样存在漠视对回避和复议的程序性规定。

在一起重大刑事案件中，2023年11月13日第三次庭审。

审判长晁某宣布某县人民检察院驳回回避申请的决定，并没有告知复议的权利。

“我申请复议。”我说。

“当庭驳回。”晁某法官脱口而出，速度之快令人十分惊讶。

“审判长，根据《人民检察院刑事诉讼规则》第三十二条，人民检察院作出驳回申请回避的决定后，应当告知当事人及其法定代理人如不服本决定，有权在收到驳回申请回避的决定书后，五日以内向原决定机关申请复议一次。你已经超越了自己的职权，代行某某县人民检察院的职责。对回避事项的处理是有明确法律规定的，也是一件严肃的事情。如果第一次庭审，你作为审判长不能依法处理，我可以理解你；但今天是第三次庭审，你还犯这么低级的错误，是绝不能容忍的。因为你不能依法处理程序性事项，我以此为由再次申请你回避……”

民事诉讼法和刑事诉讼法的任务有所不同，对于回避条件和处理程序亦有所不同，这就决定着在民事案件中，申请法官回避的成功率会很高；而在刑事案件中，作为辩护人即使指出法官在程序性方面有明显的不当或者违法之处，申请回避成功率也较低。

要想充分保障当事人的诉讼权利，实现个案公平正义，有时启动回避程序是不可缺少的措施。

第五节　人民陪审员绝不是群演

在个案中，我们很少关注人民陪审员的年龄、职业、认知以及对裁判结果的影响，事实上从法院网站公布的人民陪审员名单中所了解的信息是有限的。当我关注程序性事项对庭审进程以及裁判结果这个主题后，才开始关注人民陪审员运作机制问题。

在一起损害公司利益责任纠纷一案中，我申请主审法官和两名人民陪审员回避，法院更换了主审法官，但两名人民陪审员并没有更换。于是，我对合议庭产生的程序提出异议。

在开庭时，我提出：我认为合议庭组成不合法，违反了《人民陪审员法》第十九条、最高人民法院关于适用《中华人民共和国人民陪审员法》若干问题的解释第三条组成原则。贵院于2021年2月1日在官网发布人民陪审员名册，显示是41名人民陪审员，基层人民法院审判案件需要由人民陪审员参加合议庭审判的，应当在人民陪审员名单中随机抽取确定，显然通过随机抽取不可能那么凑巧还是他们两个，且人民陪审员在参与审判案件的数量要均衡。今天是12月4日，是宪法宣传日，不管是法官、人民陪审员和律师，都是要进行宣誓的，因此在今天这个特殊日子里，我们倍感责任重大，对法律我们要充满敬畏和信仰。作为被告的代理人并不是纠缠于程序，拖延诉讼，而是作为法律人要对得起自己的职业道德和兑现面对宪法宣誓时的誓言，我们要遵守宪法和法律的规定，这是我们的信仰使然。”

主审法官有点不服气地说就是随机抽取确定的，就是这么巧，但他还是宣布休庭了。

这是我第一次对合议庭组成的程序和方式提出异议。

作为陪审员，要陪而审，而不是群演。

在一建设工程施工合同案件中，在第二次庭审中我申请其中一名人民陪审员回避。

原告：对人民陪审员张某提出回避，第一次开庭时，在庭审进行40多分钟后，张某在没有向审判长打招呼情况下，也没有向当事人说明情况擅自离席，在这次庭审中依然出现这种情况，这两次均是庭审直播，人民陪审员张某不遵守法庭纪律不依法履行自己职责，这种性质是什么，我觉得没有必要多说，请求法庭暂时休庭，等人民陪审员张某到庭后，请求其自行回避，如其不自行回避，原告申请回避并向有关部门举报。

审：休庭5分钟。

（事实上，休庭十多分钟，张某还没有到庭，张某去了其他审判庭。）

审：刚才经向人民陪审员张某询问，其因参与其他案件审理影响了本案审理的参与，可能会对案件事实判断不准确导致无法正确行使职权，主动请求回避，合议庭认为原告提出的理由及陪审员本人提出的理由成立，准予张某对本案审理进行回避。经向院领导请示本案重新组成合议庭，由审判员李某担任审判长，与人民陪审员万某、人民陪审员孟某组成合议庭审理，由书记员孙某担任记录，法官助理雷某参与本案审理。

在美国，被告人获得陪审团审判的权利是刑事诉讼程序的显著特征。而对候选陪审员的预先审查、有因回避和强制回避（无因回避），则是确保他们公正性的主要程序手段。1968年联邦最高法院通过对第14条修正案的解释，将这一权利适用于各州的刑事诉讼。《美国联邦刑事诉讼规则》第24条规定：“（a）法庭可以允许被告人或其律师、政府检察官对陪审员名单进行审查，法庭本身也可以进行审查。（b）如果被指控的罪行量高可以判处死刑，各方当事人有权进行20次无因挑选。”此外，美国的法官通常也会因违反“正当程序”条款而被申请回避。

我国人民陪审员制度与英美法系的陪审团制度完全不同，《人民陪审员法》以及司法解释，并没有规定人民陪审员的回避情形，当事人对由人民陪审员组成的合议庭无自由选择权。从人民陪审员制度的设计和宗旨来看，对法官和人民陪审员的回避原则、情形要有所区别，显然这需诉讼制度进一步完善。

第六节　巧用法律文书的笔误成功回避

从民事诉讼法以及司法解释的规定来看，发现和识别法官存在法定的回避情形是比较困难的，大部分还是引用民事诉讼法司法解释第四十三条第一款第六项、第四十四条第一款第六项的规定。因此。在设计回避预案时，最难、最重要的是如何寻找回避理由，关系到回避的胜败。

在本章中列举回避成功的案例，法院裁定书落款处“人民陪审员”误写为“人民审判员”，当主审法官没有依法保障我方合法的诉讼权利时，我利用这个笔误回避成功。

原告甲诉被告乙、第三人丙、丁债权转让合同纠纷一案。

乙委托我代理作为其一审诉讼代理人。通过分析案情，原告、第三人涉嫌虚假诉讼，我将发问作为案件突破口，但前提是乙、丙和丁要亲自出庭。

本案立案时采用简易程序，第一次开庭时转为普通程序，但并没有给当事人送达转为普通程序裁定书。我方提出开庭程序存在违法，第一次庭审没有进入法庭调查就休庭了。

通过第一次庭审，我方明显感觉到法官对程序问题并不重视，法官认为原告、第三人本人出庭没有必要。正是基于法官的态度，我才对程序问题更加较真。

第二次庭审，我依法对第三人本人不出庭有异议，但法官依然推进庭审程序。于是，我决定先提出程序问题，然后再决定是否行使回避权。

审：根据法律规定，当事人对本案合议庭成员以及书记员有申请回避的权利。原告是否申请回避？

原代：不申请回避。

审：被告是否申请回避？

被代：不申请回避。本案由简易程序转为普通程序，被告在2021年12月27日收到法院的民事裁定书，裁定将本案转为普通程序，按照民事诉讼法第128条合议庭组成人员确定后应当在三日内告知当事人，虽然法院没有用法律文书的方式通知被告合议庭组成人员，但被告已知晓合议庭组成人员的情况，但民事裁定书合议庭成员显示由审判长××、人民审判员×××、×××，是陪审员还是审判员？被告不清楚另外两名审判员的身份。

审：法庭解释一下是因为笔误，庭后会出具补正裁定。针对此问题庭后进行核实。

被代：我认为该问题应当在本次庭审前解决，本问题涉及被告是否申请对审判长、合议庭成员回避。

审：针对此问题本次庭审休庭。合议庭评议以后决定。

审（大约半个小时，主审法官回到审判庭，脸色比较难看）：经核实，确实是出现笔误，人民陪审员×××、×××本次到庭。针对此问题向院党组及领导作出汇报，自觉承认工作中的不足，庭后法庭会向双方当事人送达补正裁定对笔误予以补正。

审：你可以申请我回避或者我自行回避。

被代：还是审判长自行回避吧。

这次庭审就这样结束了。

当天下午，新的承办法官与我电话沟通告知由其主办这个案子。

第七节　回避实现延期审理的请求

这篇有关回避的文章是吴建华律师写作的。在一个熟悉的司法环境下，在当事人程序性权益得不到保障的情况下，吴律师在这起交通事故案件中启动回避程序，这需要极大的勇气和担当。通过回避实现了延期审理的目的，既保障了当事人的合法权益，事实上也有利于节约司法资源，从某种程度上来说，回避也是法官与律师有效的沟通方法。

2023年11月23日，接受原告赵某委托，代理了他起诉的一起机动车交通事故责任纠纷案件。案情大致是这样的：

2023年8月12日7时许，被告杨某驾驶一重型半挂牵引车，沿临沭县××道路由南向北行驶至事故路段超车时，与原告驾驶的电动自行车相撞，致原告受伤，车辆受损。经临沭交警大队认定被告杨某负事故的全部责任。被告杨某驾驶的事故车在被告中国人民财产保险股份有限公司临沂市分公司投保车险，治疗终结后因未能获得赔偿，原告根据《民事诉讼法》第122条的规定诉向人民法院起诉，主张要求被告赔偿医疗费、护理费、伤残赔偿金等共计93678元。

第一次庭审中被告保险公司对原告的十级伤残提出重新鉴定，人民法院通过摇号以职权委托司法鉴定所进行重新鉴定。在重新鉴定时被告保险公司提出原告进行司法鉴定应超出6个月，鉴定所以“建议损伤6个月后再行伤残等级鉴定”为由将人民法院的鉴定委托予以退案。于是审判员又通知2024年1月31日第二次开庭，开庭前代理人将已经准备好的《延期审理申请书》提交审判员。延期审理的理由大致如下：

本案由于被告保险公司对原告的伤残等级及三期有异议并提出重新鉴定，鉴定机构以“建议损伤6个月后再行伤残等级鉴定”为由退案。申请人的受伤时间是2023年8月12日，到2024年2月12日即满6个月，10天之后再次委托就满6个月了。并且再行委托鉴定也不超过3个月简易程序的审理期限，因为本案的正式立案受理时间是2024年1月2日，完全可以在审理期限内结案。况且，根据法律规定诉讼中重新鉴定期间不计入审理期限。所以根据《民事诉讼法》第149条规定请求延期审理此案。

审判员（粗略地看过后）：此种情况不符合延期审理情形，不同意延期审理。原告的伤残赔偿金和误工费可以再另案起诉，今天只处理医疗费。

（作为代理人很明白，审判员的目的很明显，就是为了尽快结案。）

原告代：我方不同意。理由是：如此会给当事人造成讼累，浪费司法资源，增加法院的案件数量。

审判员：原告另案主张是一样的。

原告代：审判员不同意延期审理，是违反民事诉讼法程序性规定的，如果您不同意延期审理，我方就申请您回避。

审判员：申请回避，可以受理。

原告代：那就回去打印一份书面回避申请书提交给您？

审判员：不行，现在就当庭写，你要回去就给你按撤诉处理。

原告代：那只能手写一份回避申请书，当庭交给您了。

既然审判员不同意延期，法庭之上无戏言，说申请回避就申请。2024年2月18日，春节假期后上班第一天9点，法院就通过12368平台以电子的形式发来通知。告知上述的案件另由某某法官承办，请对我们的审判工作进行监督并提出意见和建议。至此，申请该审判员回避成功。

其实，在案件审理过程中只要发现审判员有明显的违反程序法规定的行为，并且拒不更正的，即可以鼓起勇气申请回避。《民事诉讼法》第一百四十九条规定，有下列情形之一的，可以延期开庭审理，其中第（三）项，需要通知新的证人到庭，调取新的证据，重新鉴定、勘验，或者需要补充调查的。对此，规定得非常明确，代理人的延期审理申请是符合法律规定的，即使我方不提出书面的延期审理申请，审判员也应当以职权延期审理，充分维护原告的合法权益。既然法官不能依法办案，就会损害当事人一方或双方的合法正当权益。作为律师就是维护当事人合法权益职业者，是法律服务的提供者和法律权利的捍卫者。坚守法律底线，捍卫合法权益，这是一名律师的使命，应时刻牢记在心。

第五章

发问在司法鉴定方面的应用

——一场诉讼的终局之战

2023年11月，第四届国际司法警政刑侦科学教育文化大会在江苏南通召开，大会先后以法庭科学、教育与司法、法医学与医药学、DNA与法医生物学、计算机取证与电子证据为主题举办国际学术报告会，笔者全程参加了上述会议活动并参观李昌钰刑侦科学博物馆。感触比较深的一点就是，鉴识科学发达的根基在于证据规则和鉴定技术，而交叉询问制度是鉴识科学发展与应用的保障。当前，中国对法庭科学技术研究及应用发展迅速，但在案件诉讼过程中的证据规则方面仍存在一定不足，随着庭审实质化的深入改革，发问在司法鉴定领域将发挥作用。本章只是浅显探索庭审发问对司法鉴定证据方面的应用问题，旨在抛砖引玉。

第一节 法医学成伤机制分析

法医学鉴定成伤机制分析是指依据人体损伤的形态、大小、方向、分布等损伤特征，结合案情、现场勘验及可疑致伤物特征，对损伤是如何形成的进行分析、判断。在法医学鉴定实践中，通常指通过对受害者损伤形态、损伤特征的分析，结合现场情况、案件背景信息、法医科学知识以及生物力学、物理学原理等多方面因素，推断定性地探讨和解释损伤是如何形成的全过程。

一、法医学成伤机制分析的意义

法医学成伤机制分析在刑事侦查和司法审判中具有极其重要的意义。它不仅是确定犯罪行为和事故原因的关键环节，也是保障司法公正、维护社会稳定的重要手段。

首先，法医学成伤机制分析对于确定犯罪行为的性质具有至关重要的作用。在刑事案件中，受害者身上的伤痕往往是破解案件的关键线索。通过对伤痕的形态、位置、深度等特征进行细致分析，法医学专家可以推断出犯罪嫌疑人对受害者施加了何种类型的暴力，进而揭示犯罪行为的本质。这种分析不仅有助于警方锁定犯罪嫌疑人，还能为检察官提供有力的证据，确保犯罪分子受到应有的法律制裁。

其次，成伤机制分析在事故原因调查中发挥着不可或缺的作用。无论是交通事故、工伤事故还是其他意外事件，受害者身上的伤痕都是事故原因的直接反映。通过对伤痕的分析，可以揭示出事故发生的具体过程，如碰撞的角度、力度、速度等，从而帮助调查人员准确判断事故责任。这对于保护受害者权益、预防类似事故的再次发生具有重要意义。

此外，法医学成伤机制分析还有助于澄清事实真相，防止冤假错案的发生。在一些复杂的刑事案件中，受害者或嫌疑人可能会因为各种原因而做出虚假陈述。此时，伤痕作为客观的物证，往往能够揭示出事实的真相。通过对伤痕的细致分析，法医学专家可以辨别陈述的真伪，为司法审判提供准确、科学的依据，确保案件的公正处理。

二、法医学成伤机制分析的误区

法医学成伤机制分析在司法实践中占有举足轻重的地位，然而，在实际操作过程中，也存在一些误区。这些误区可能会影响分析的准确性和公正性，因此需要加以警惕和避免。

误区一：过度依赖经验判断

在成伤机制分析中，经验固然重要，但过度依赖经验可能导致主观臆断。每个案件都有其独特性，不能简单地将以往的经验套用到新的案件中。法医学专家需要保持客观、理性的态度，结合案件具体情况进行分析。

误区二：忽视现场勘查和证据收集

成伤机制分析不仅仅是对伤痕的检查，还需要与现场勘查和证据收集相结合。忽视现场环境和相关证据，只关注伤痕本身，可能导致分析结果的片面性甚至错误。

误区三：对技术手段的过度迷信

现代科技手段在成伤机制分析中发挥着重要作用，如CT扫描、MRI等影像学检查。然而，技术手段并非万能，其结果也可能受到多种因素的影响。过度迷信技术手段，忽视其他证据和线索，同样可能导致分析结果的失真。

误区四：先入为主的观念

在进行分析之前，法医学专家可能受到警方、检察官或当事人提供的信息影响，形成先入为主的观念。这种观念可能会影响专家的客观判断，导致分析结果偏离事实真相。

误区五：缺乏跨学科合作

成伤机制分析涉及医学、生物学、物理学等多个学科领域。缺乏跨学科合作可能导致分析结果的局限性。因此，法医学专家应积极寻求与其他领域专家的合作，共同对伤痕进行深入分析。

误区六：忽视心理因素的影响

在暴力犯罪案件中，受害者的心理状态可能对伤痕的形成和表现产生影响。忽视心理因素，仅从生物学角度进行分析，可能导致对伤痕解读的偏差。

误区七：对新型伤痕类型认识不足

随着科技的发展和社会变迁，新型伤痕类型不断涌现，如电击伤、激光伤等。对这些新型伤痕类型认识不足，可能导致分析结果的失误。因此，法医学专家需要不断学习和更新知识，以适应新的挑战。

三、法医学成伤机制分析的内容及步骤

法医学成伤机制分析是一项严谨且复杂的工作，它要求专家结合案情资料、现场勘查、医学影像、病理学分析以及力学原理等多方面的信息和技术，对伤痕进行深入的研究，以确定伤害的原因和方式。法医学成伤机制分析一般有以下几个方面：

（一）案情和资料收集

专家需要全面了解案情，包括受害者的个人信息、事故发生的时间、地点、环境以及具体经过等。同时，收集目击证词、警方报告和其他相关文件，以初步评估可能的损伤类型和致伤方式。

（二）现场勘查

鉴定人或法医学专家会前往事故现场进行实地勘查，记录现场遗留的物证，如血迹、碎片、致伤工具等。此外，还会观察地面撞击点、车辆痕迹以及受害者的衣物等，这些信息有助于判断致伤物的作用力方向。

（三）影像学检查

对于活体损伤，利用X线、CT、MRI等先进的影像技术，可以详细观察骨骼和软组织的损伤情况，确定骨折、出血、器官损伤的具体位置和形态。通过这些信息，可以进一步判断暴力的方向和程度。

（四）法医病理学分析

对于涉及死亡的案件，必要时专家会进行详细的尸体解剖检验，以确定死亡原因，并观察内外伤、生前或死后伤等损伤分布。结合组织学病理学分析，如出血、挫裂伤、骨折等，专家可以分析成伤物、成伤方式以及损伤特征。通过这些分析，可以推断出力的大小和方向。

（五）力学分析

运用物理力学原理，专家会计算力的传导、方向、速度以及作用点等信息。结合人体的姿势、致伤部位和伤势，专家能够推断出力源和致伤过程。

（六）综合判断与责任分析

在整合了所有相关资料后，包括现场勘查、医学影像、临床信息、解剖验尸结果、病理学分析以及力学分析等，专家会形成综合判断，明确成伤机制，并根据此进行责任分析。这一过程对于交通事故、纠纷以及刑事责任的判定至关重要，可以为后续的处理提供依据。

法医学成伤机制分析是一个多步骤、跨学科的过程，它结合了多种信息和技术手段，以确保准确判断损伤的性质、成因和发生过程。这一流程不仅体现了法医学的严谨性和专业性，更在维护社会公正和法治秩序中发挥着举足轻重的作用。

第二节　DNA 鉴定证据的局限性及其应用风险

法医DNA鉴定在刑事侦查和司法审判中具有极高的价值，然而，它并非绝对可靠，也存在一定的局限性和使用风险。以下是对法医DNA鉴定证据的局限性和使用风险进行的详细概述。

一、法医DNA鉴定证据的局限性

（一）同卵双胞胎或多胞胎的鉴定难题

现代遗传学表明，同卵双胞胎或多胞胎具有完全相同的DNA基因，使得通过DNA鉴定无法准确区分个体。此类案件在全球范围内包括中国、美国、德国等国家均有发生。若同卵兄弟姐妹中的一人涉嫌犯罪，DNA证据无法直接指明是哪一个个体，增加了案件侦破的难度。

（二）嵌合体的干扰

嵌合体（Chimera）也称为奇美拉现象，指的是一个个体中同时存在两种或两种以上染色体组成不同的细胞系，这些细胞系是由不同的受精卵衍生而来的情况。简单来说，就是一个生物体内同时存在两种或多种基因型不同的细胞，这些细胞来源于不同的卵裂球或早期胚胎。正常情况下，人体内所有细胞的遗传信息应该是相同的，但在嵌合体的情况下，某些细胞会携带不同的遗传信息。

在司法实践中，嵌合体现象可能会对DNA鉴定产生影响。如果犯罪嫌疑人是嵌合体，且其体内含有与现场遗留DNA不完全相同的细胞系，那么仅通过DNA鉴定可能无法准确确定其身份。因此，在进行DNA鉴定时，需要综合考虑嵌合体的可能性，并结合其他证据进行综合分析。

（三）DNA鉴定技术的偶合性

DNA鉴定技术的偶合性是指在DNA鉴定过程中，由于一些随机因素或技术限制，导致两个不同来源的DNA样本在鉴定结果上呈现出相似性或一致性，而这种相似性或一致性并非基于它们之间的真实亲缘关系或身份认同。这种现象具有一定的概率性，虽然这个概率通常非常低。在极端情况下，这种偶合性可能导致误判，因此DNA证据应用也需谨慎。在刑事案件中应该一般要求使用较多的基因位点，使似然比的概率足够高，并结合其他证据印证以确定嫌疑人；在亲子鉴定等高精度需求的场景中，通常会使用更多的遗传标记进行比对，以进一步提高鉴定的准确性并降低偶合风险。

（四）检材污染与鉴定水平的影响

高灵敏度的DNA鉴定极易受污染，若在收集、保存或运输过程中发生污染，将影响鉴定结果。检材污染可能引入外部DNA，导致被鉴定样本中混入了不相关的DNA片段。这些片段可能与被鉴定对象的DNA产生混淆，使得鉴定结果偏离真实情况。当污染DNA与被鉴定对象的DNA具有相似性时，可能引发误认。特别是在DNA样本量较少或质量较差的情况下，污染DNA的影响可能更加显著，增加了错误匹配的风险。这种误认可能导致无辜者被牵连或真正的犯罪者逃避法律制裁。

二、法医DNA鉴定证据的使用风险

（一）过度依赖DNA证据

DNA证据虽然强大，但并非万能。过度依赖可能导致忽视其他关键证据，影响案件全面调查。一些案件可能因过于依赖DNA证据而忽略了其他线索，导致案件侦破受阻或误判。

（二）解读与判断失误

DNA证据的解读和判断需要专业知识，非专业人员可能进行错误解读，导致误判。即使专业人员也可能因技术限制或疲劳等因素出现判断失误。

（三）数据库建设与管理问题

DNA数据库的建设和管理直接影响鉴定结果的准确性。而且，数据库的安全性和隐私保护也是不可忽视的问题，一旦泄露或被非法利用，将带来严重后果。

（四）法律与伦理问题

不同国家和地区对DNA证据的采集、保存和使用可能有不同的法律规定，需严格遵守相关法律法规。在采集和使用DNA证据时，需尊重个人隐私和权益，避免侵犯人权和伦理道德问题。

第三节　文件形成时间鉴定探讨

文件形成时间鉴定是一种专业的技术手段，旨在通过科学的方法来确定文件或文件中特定内容的制作或形成时间。这一鉴定过程对于验证文件的真实性、揭露可能的伪造或篡改行为具有重要意义，尤其在法律诉讼、历史研究或商业纠纷等领域中发挥着关键作用。

在进行文件形成时间鉴定时，通常会采用多种物理和化学方法。物理方法可能包括对文件纸张、墨水、打印或书写痕迹等的物理特性进行详细分析。例如，纸张的老化程度、墨水的渗透和扩散模式等都可以提供关于文件形成时间的线索。而化学方法则更侧重于分析文件材料中的化学成分变化，如墨水中特定化学物质的降解情况，从而推断出文件的形成时间。

一、文件形成时间鉴定分类

文件形成时间鉴定可以分为两种类型：绝对时间鉴定和相对时间鉴定。绝对时间鉴定致力于确定文件或文件某部分的确切制作时间，这需要高精度的科学方法和严格的实验条件。相对时间鉴定则更注重确定文件的一部分是否与原文或其他文件同时制成，这种方法在比对多份相关文件时尤为有用。

二、文件形成时间鉴定的方法

（一）基于痕迹特征的文件形成时间鉴定

包括依据印章印文盖印时间鉴定标准判断检材印文的盖印时间；依据打印文件印制时间鉴定标准判断检材打印文件的打印时间；依据静电复印文件印制时间鉴定标准判断检材静电复印文件的复印时间；依据检材某要素的发明、生产时间或时间标记信息判断其文件要素的形成时间等。

（二）基于材料特性的文件形成时间鉴定

包括综合运用光谱、色谱、质谱等仪器检测分析技术，根据墨水墨迹、油墨墨迹、墨粉墨迹、印文色料、纸张等文件材料的某种（些）理化特性随时间的变化规律，依据相应的判定方法， 分析判断检材的形成时间。

三、文件形成时间鉴定的局限性

（一）技术方法的局限性

尽管现代科学技术在文件形成时间鉴定方面已有一定的研究进展，但仍然存在技术上的局限性。目前尚未有一种方法能够准确无误地确定所有类型文件的形成时间。不同的鉴定方法可能适用于不同的文件材料和书写工具，而某些特定的文件可能并不适用于现有的鉴定技术。现有的技术方法往往只能提供相对的形成时间范围，而非确切的日期。例如，使用动态法鉴定时，虽然可以根据书写工具中的成分变化来推断时间，但这种推断往往受到多种因素的影响，导致结果存在一定的误差范围。

（二）材料和环境的影响

文件材料的差异性和复杂性对鉴定结果产生显著影响。不同类型的纸张、墨水、打印机或书写工具等都会影响鉴定结果的准确性。例如，某些高质量的墨水或纸张可能长时间保持稳定，使得时间鉴定的难度增加。文件的保存环境也是影响鉴定结果的重要因素。温度、湿度、光照等环境条件都会加速或减缓文件材料的老化过程，从而影响形成时间的判断。例如，在自然老化法中，室内不见光自然老化和室内见光自然老化的速度就存在显著差异。

（三）鉴定过程的挑战

文件形成时间鉴定通常需要专业的设备和经验丰富的技术人员。然而，即使在最理想的条件下，鉴定过程也可能受到人为因素的干扰。技术人员的操作水平、判断力和经验都会对鉴定结果产生影响。此外，鉴定过程中可能存在的污染问题也是不容忽视的。任何外部物质的引入都可能改变文件的原始状态，从而影响形成时间的准确判断。

（四）法律和伦理问题

在某些情况下，文件形成时间鉴定可能涉及法律和伦理问题。例如，在某些司法程序中，对文件形成时间的争议可能导致案件结果的重大变化。因此，鉴定结果的准确性和可靠性至关重要。然而，由于技术方法的局限性，鉴定结果可能无法完全满足法律程序的要求。另一方面，如果鉴定结果被用于不道德或非法的目的，如伪造证据或侵犯他人隐私等，那么这种技术的应用就会引发严重的伦理问题。

因此，文件形成时间鉴定虽然在一定程度上能够帮助我们了解文件的真实性和形成时间，但仍然存在着多方面的局限性。在实际应用中，我们需要充分考虑这些局限性，并结合其他证据和信息来做出综合判断。

第四节　司法鉴定申请提出的时机

当事人应当何时以何种方式向法院提出司法鉴定申请。这需要从民事诉讼法以及司法解释的相关规定中寻找答案。

2002年4月1日施行的《最高人民法院关于民事诉讼证据的若干规定》第二十五条规定，当事人申请鉴定，应当在举证期限内提出。符合本规定第二十七条规定的情形，当事人申请重新鉴定的除外。

对需要鉴定的事项负有举证责任的当事人，在人民法院指定的期限内无正当理由不提出鉴定申请或者不预交鉴定费用或者拒不提供相关材料，致使对案件争议的事实无法通过鉴定结论予以认定的，应当对该事实承担举证不能的法律后果。

从上述规定来看，司法鉴定申请的期限有两个：第一，当事人申请鉴定，应当在举证期限内提出；第二，人民法院认为当事人对需要鉴定的事项负有举证责任，指定司法鉴定的期限。显然，这两个申请期限并不是同一个概念，有不同的适用条件。

新的民事诉讼证据规则于2020年5月1日施行后，当事人收到法院送达的举证通知书仍规定“当事人申请鉴定的，应当在举证期限内以书面形式提出”。显然，法院沿用的是旧版民事诉讼证据规则，难免会给当事人带来困惑、误导，甚至造成司法资源的浪费。

现行的法律、司法解释明确规定，当事人申请鉴定，应当在人民法院指定期间内提出，删除了“当事人申请鉴定，应当在举证期限内提出”这一内容，无疑是诉讼制度的巨大进步，符合诉讼科学规律和司法实践。笔者认为这样规定是合理的，具体理由如下。

（一）法院要审查鉴定事项与待证事实的必要性

《最高人民法院关于人民法院民事诉讼中委托鉴定审查工作若干问题的规定》第一条对鉴定事项的审查规定如下：

1.严格审查拟鉴定事项是否属于查明案件事实的专门性问题，有下列情形之一的，人民法院不予委托鉴定：

（1）通过生活常识、经验法则可以推定的事实；

（2）与待证事实无关联的问题；

（3）对证明待证事实无意义的问题；

（4）应当由当事人举证的非专门性问题；

（5）通过法庭调查、勘验等方法可以查明的事实；

（6）对当事人责任划分的认定；

（7）法律适用问题；

（8）测谎；

（9）其他不适宜委托鉴定的情形。

2.拟鉴定事项所涉鉴定技术和方法争议较大的，应当先对其鉴定技术和方法的科学可靠性进行审查。所涉鉴定技术和方法没有科学可靠性的，不予委托鉴定。

司法鉴定，涉及与待证事实的关联性、举证责任分配、司法成本等诸多问题，都需要通过庭审进行举证、质证以及法院的审核认定，这都需要在庭审中解决；如有启动的必要性，法官应当释明由哪一方当事人申请鉴定以及法律后果，并指定一个固定期限。

（二）未经质证的检材，不能作为鉴定的根据

民事诉讼法以及司法解释规定了证据交换的程序，但一般也要举证期限届满后举行，且有争议的检材需要法庭的审核认定。因此，检材的质证、审核认定，需要庭审程序解决，即使举证期限届满前提出司法鉴定申请，也难以启动司法鉴定程序。在司法实践中，对于人身损害赔偿案件关于伤残鉴定等，这类案件比较简单，有些法院在诉前调解阶段启动司法鉴定程序。

（三）庭前难以形成诉辩争点，有些情况下当事人无法预判庭前是否需要提出司法鉴定申请

在司法实践中，被告在庭前一般不提交答辩状，甚至原告在开庭当天才能看到被告提交的证据材料，双方当事人在庭前难以形成争点交锋，那么对于待证事实是否有必要鉴定是不清楚的。

第五节　对司法鉴定意见的四种质证方法

根据民事诉讼法以及司法解释相关规定，结合司法实践，对司法鉴定意见质证有四种基本方法。

一、对当事人进行发问

当事人发问权是质证权和辩论权的范畴，当事人发问是质证和辩论的具体方法。当事人发问权可以作为对鉴定意见的一种质证方法，根据民事诉讼法以及司法解释的规定，未经法庭质证的材料（包括补充材料）不得作为鉴定材料。但在审判实践中存在一个很大的问题，即对检材的质证仅仅是一个形式，如当事人对检材存在较大争议，法院一般不作出认定就将质证过的所谓检材移送给审计机构，鉴定机构往往以鉴定的形式代替司法认定。

2020年9月1日起施行的《最高人民法院关于人民法院民事诉讼中委托鉴定审查工作若干问题的规定》第5条明确规定，对当事人有争议的材料，应当由人民法院予以认定，不得直接交由鉴定机构、鉴定人选用。对检材的审查作出明确规定，规范了鉴定机构的活动。

在司法鉴定意见作出后，如对检材有异议，仅仅通过常规的说明、提出异议以及辩论等质证方法，无法达到否定或者削弱鉴定意见的证明力。实践中只要鉴定程序合法、鉴定机构和鉴定人具有相应资质以及检材已质证，法院一般会采信鉴定意见。针对这种情况，可以通过对对方当事人的发问来揭示鉴定意见所依据的检材是否真实以及检材与待证事实之间有无因果关系，从而达到否定鉴定意见书的证据效力。

二、对鉴定人发问

民事诉讼法以及司法解释明确规定了，鉴定人有出庭作证的义务，当事人有权对鉴定人进行发问。《民事诉讼法》第七十八条规定："当事人对鉴定意见有异议或者人民法院认为鉴定人有必要出庭的，鉴定人应当出庭作证。经人民法院通知，鉴定人拒不出庭作证的，鉴定意见不得作为认定事实的根据；支付鉴定费用的当事人可以要求返还鉴定费用。"《最高人民法院关于民事诉讼证据的若干规定》第三十七条规定："人民法院收到鉴定书后，应当及时将副本送交当事人。当事人对鉴定书的内容有异议的，应当在人民法院指定期间内以书面方式提出。对于当事人的异议，人民法院应当要求鉴定人作出解释、说明或者补充。人民法院认为有必要的，可以要求鉴定人对当事人未提出异议的内容进行解释、说明或者补充。"第三十八条规定："当事人在收到鉴定人的书面答复后仍有异议的，人民法院应当根据《诉讼费用交纳办法》第十一条的规定，通知有异议的当事人预交鉴定人出庭费用，并通知鉴定人出庭。有异议的当事人不预交鉴定人出庭费用的，视为放弃异议。双方当事人对鉴定意见均有异议的，分摊预交鉴定人出庭费用。"

从上述法律规定来看，当事人对鉴定意见有异议，鉴定人应当出庭的条件：（1）当事人对鉴定书的内容有异议，并在人民法院指定期限内以书面方式提出；（2）鉴定人针对当事人的异议内容作出的解释、说明或者补充，仍有异议；（3）异议人缴纳鉴定人出庭费用，法院通知鉴定人出庭。在此意义上，鉴定人出庭是鉴定人在法庭上就鉴定意见接受当事人双方质证的过程，是保障双方当事人对于不利于己的鉴定意见的质证权的需要。

在司法实践中，有些法官错误认为鉴定人出庭应当由当事人申请，否则不通知鉴定人出庭。为查明案件事实的需要，为了减少当事人与法官的诉讼摩擦，建议还是向法庭提交鉴定人出庭申请书。

三、申请专家辅助人出庭

2002年4月1日施行的《最高人民法院关于民事诉讼证据的若干规定》第六十一条规定："当事人可以向人民法院申请由一至二名具有专门知识的人员出庭就案件的专门性问题进行说明。人民法院准许其申请的，有关费用由提出申请的当事人负担。审判人员和当事人可以对出庭的具有专门知识的人员进行询问。经人民法院准许，可以由当事人各自申请的具有专门知识的人员就有案件中的问题进行对质。具有专门知识的人员可以对鉴定人进行询问。"这是第一次明确规定专家辅助人制度，直到2012年新修订的《民事诉讼法》才正式以法律的形式固定了这一制度，这无疑是诉讼制度的巨大进步。鉴定意见涉及专门性问题，如申请专家辅助人出庭支持、帮助当事人质证，将会取得更好的庭审效果。

四、提供反证

启动司法鉴定程序后，法院会组织双方当事人进行法庭调查对检材进行质证，也就是说在鉴定结论作出前，能够提供的证据基本上都已穷尽，用反证这种质证方法，还是比较少的。

第六节　穷尽法庭调查方法才有鉴定必要性

《最高人民法院关于人民法院民事诉讼中委托鉴定审查工作若干问题的规定》第一条明确规定，法院对鉴定事项要做必要性审查，并列举了不予委托鉴定的几种情形。

该文件规范了司法鉴定的启动程序，有利于提高审判质效，但由于一部分司法人员诉讼理念滞后、庭审技能缺乏以及不能充分保障当事人诉讼权利，在认定事实、审核证据时过于依赖司法鉴定意见，在启动司法鉴定程序时具有随意性，增加了当事人诉讼成本，浪费了司法资源。

因此，只有穷尽一切证明方法后，才有启动司法鉴定的必要性。是否具有必要性应当作为争点进行调查，法官应当组织当事人充分举证、质证以及辩论，以避免浪费司法资源。

譬如：刘某诉吕某、张某和马某民间借贷纠纷一案。

本案案情比较简单，刘某提交张某为其出具的借据，张某对真实性提出异议，认为借款日期等内容系后来涂改的。我相信法官询问几个问题或者当事人相互发问就能证明借条的真伪。

庭前我方和主审法官说明这一情况。

“你是否申请司法鉴定，如申请鉴定就等待鉴定结果出来后再进行开庭。”法官问道。显然，主办法官并不想开庭。

“我认为没有鉴定的必要，完全可以通过法庭调查查明案件事实，向原告发问几个问题就能解决，没有必要浪费司法资源。”我说。

法庭调查中，原告提交借款合同和借据、行驶证、运输证，证明吕某借款6万元。

审：被告方进行质证。

被代：借据是复印件，我方无法质证。担保借款合同书有异议。合同的内容的第二条借款期限是后来所添加，从第二条可以看出借款期限是空白的，只写了起止时间，这是后来添加；第四条利息及利息支付方式，月息二分也是后来添加的，每支付一次的空白处是划去的，也就是说利息的支付方式没有约定，对于提交的机动车行驶证、运输证与本案没有关系。

审：原告还有无证据提交，有无陈述？

原：借据原件忘带了，我庭后提交。

被代：原告可庭后提交，但应对原告逾期举证进行处罚。

审：限原告下午2:30之前提交法庭。

审：现在由被告方提供证据。

被代：没有证据，申请发问。

审：可以。

被代：因原告未提交原件，请求法庭待原告将原件提交法庭后再质证、发问。（对方提供原件后，再行使发问权效果会更好，同时给对方心理压力。）

审：可以。

这时，我向主审法官提出因原告在本次庭审中未提交重要证据的原件，没有继续开庭的必要性，要求休庭。

主审法官以商量的口气说，在休庭之前，是否可以问原告几个问题。法官单刀直入，原告直接承认是其后来添加、涂改的，案件事实已呈现在法庭之上。

我主要的答辩意见是原告伪造证据，涉嫌套路贷，请求法院依法驳回其诉讼请求，且不准许原告撤诉。短暂的庭审，已给原告心理上带来巨大压力，我预判其会撤诉。出乎意料，该案法院以原告未按期补交诉讼费，按自动撤诉处理。

在《当事人发问权理论与实务研究》第十章提到一则案例：王某与李某等民间借贷纠纷案。我作为被告李某的代理人，一开始把全部希望寄托于对借据、借款合同添加部分内容做形成时间司法鉴定，但因为技术原因无法鉴定，一审败诉，但在接下来的诉讼程序中，最终运用发问技能来实现案件结果翻转。从这个案子受到启发，只要是通过发问以及其他调查方法可以证明待证事实的，绝不启动司法鉴定程序。

第七节　不能用肉眼看、尺子量的伤情

对鉴定意见的质证方法有很多种，比如说明、辩驳、发问。实现的路径也有很多种，比如对当事人发问、申请鉴定人出庭并发问、借助专家辅助人等。

鉴定意见，涉及专门性知识。作为诉讼律师，往往不具备某些方面的专业知识，那么要想对鉴定人发问达到预期目标是十分困难的。但针对检材存在的问题，则完全可以运用常识对鉴定人展开发问，鉴定人在常识面前无任何优势可言，可以取得非常好的效果。

在一起行政处罚案件中，我就是运用常识来对鉴定人进行发问，控制着整个发问环节的节奏。原告被殴打，有多处损伤，但鉴定人只对表面擦伤进行检验，而对其他损伤却视而不见，鉴定结论原告之损伤构不成轻微伤。显然，鉴定人和鉴定机构存在失职或者虚假鉴定。

下面是第二次庭审时对鉴定人的发问片段。

开场白

在对鉴定人进行发问前，我发现鉴定人跷着二郎腿，貌似很有优越感。我觉得有必要进行提醒、制止，在接受询问时要有仪式感。我向审判长提出鉴定人在法庭上跷着二郎腿有点不严肃，请求予以制止。然后，鉴定人很不情愿地把腿放下来，并解释自己身体不好。

庭审发问交锋

原代：你今天没有带鉴定人资格证书？

鉴定人：没有。

原代：另外两名鉴定人曾某、谷某有无鉴定人资格证书？

鉴定人：有。

原代：你所在的鉴定机构有没有鉴定资质？

鉴定人：有。

原代：在制作鉴定书时是否应当附有鉴定机构和鉴定人的资质证书？

鉴定人：应当附上，但是轻微伤以下的基本都不附，轻伤以上构成刑事案件的都附。

原代：这是法律规定，还是部门规定？

鉴定人：这是部门为了省点钱，节省纸张，应该附。

我先发问几个简单的问题，让鉴定人承认鉴定报告存在瑕疵，给鉴定人造成心理压力，制造紧张的气氛，有利于控制接下来的发问节奏。

原代：针对蒋某鉴定报告向你进行发问。

2023年5月18日受理了蒋某的法医损伤鉴定申请，送检材料是××医院入院记录，除了有擦伤外，入院诊断还记载：（1）多处软组织损伤；（2）膝关节积液。你有没有看到这方面的记录或者损伤情况？

鉴定人：这个案件主办人是曾某同志，后来考入外单位，今天我代理他出庭，第一接诊人是曾某，我也是作为鉴定人之一了解案情。入院记录已经看到有这部分记载。

原代：膝关节积液是否与外伤有关系？

鉴定人：不一定，有多种情况可以形成，一种是疾病形成，一种是外伤形成。

原代：在这种情况下，你们有无让蒋某做检查进一步确认他的成伤机制或原因是什么？

鉴定人：从病历上看确实有膝关节积液这一条，但并没有诊断依据。

原代：你们有无让蒋某做检查进一步确认她的成伤机制或原因是什么？

鉴定人：当时这个案子不是我接的，主办人应该告诉他。

原代：你们有无让蒋某做检查进一步确认她是疾病还是外伤造成的？

鉴定人：案子不是我主办的，我不清楚。

原代：你不清楚的意思是什么？

鉴定人：当时主办案件的人员是否通知受害人做进一步检查我不清楚。

原代：你没有通知她做进一步检查？

鉴定人：我没有通知。

通过上述发问，显然可以证实鉴定人注意到蒋某的伤，除了擦伤，还有其他比较严重的损伤，需要借助影像片来进一步检验、确认。当然，检验报告中记载送检材料是入院病历，对于病历记载的内容，鉴定人是无法否认的。

原代：膝关节积液能通过肉眼观察知道是什么原因形成的吗？

鉴定人：不能看到。

原代：用尺子量是否可以确认？

鉴定人：不能确认。

原代：根据你的法医学知识和经验是否可以确认？

鉴定人：不能确认。

擦伤可以用观察法和尺子量进行确认，但对蒋某其他损伤，通过发问让鉴定人承认用肉眼观察、尺子量以及法医学知识和经验均不能确认。借用“肉眼观察”“尺子量”这样具有画面感的语言，可以让普通人都能判断鉴定人存在失职行为。在接下来的发问中，针对蒋某的不同损伤，重复使用这种具有视觉冲击的语言。

原代：2023年5月18日蒋某MRI诊断报告你们有无看到？

鉴定人：没有。

原代：有没有要求蒋某提供？

鉴定人：当时并不知道蒋某有无做这项检查，家属和派出所也没有提供给我们，我们无法要求她提供。

原代：你们在2023年5月18日没有让蒋某做进一步检查，也没有让蒋某进一步提供相关的诊断资料？

鉴定人：伤情检查完以后他们就去医院住院治疗，是否做检查应该是医生告知，我们不能跟着他们去检查，也没有提出建议。

原代：双膝关节压痛明显这是不是与外伤有关系？

鉴定人：不好说，压痛是一种自述症状，没法确定是外伤引起的，或者是否有疼痛这种情况真实存在。

原代：双膝关节压痛明显与膝关节积液有无关系？

鉴定人：无法回答，应该让医生解释。

原代：从鉴定报告可以看出蒋某损伤的情况除了擦伤之外还有多处软组织损伤、膝关节积液、双膝关节压痛明显，你刚才说作为鉴定人已经充分注意到，除了关注擦伤之外，其他的损伤为什么不做进一步的诊断、检验或者调查了解？

鉴定人：当时主检人已经全面检查她的身体，也已经拍照，其他没有损伤的地方也没有客观证据证实存在。

原代：你说的全面了解是通过肉眼看、尺子量？

鉴定人：对。

原代：曾某拍摄的检验照片是由谁检验的？

鉴定人：曾某一个人检验，一个人拍摄。

原代：有无其他人在场？

鉴定人：派出所工作人员也在场。

原代：蒋某的拍摄照片中有一张头部检验照片，请你说明蒋某的头部是什么情况？

鉴定人：蒋某自述头部有疼痛，但经检验未见明显损伤。

原代：从照片可以看，蒋某头部有头发缺失的情况，你有没有注意这个情况？

鉴定人：当时我不是主检人，我不知道这个情况，可能有这个情况存在，但是头发稀疏或者头发缺失是两种情况，如果没有毛囊出血，就不能说明是当时外伤引起的头发脱落。

原代：你能否回答蒋某当时的头部是什么情况？

鉴定人：不能回答。

原代：谁能回答？

鉴定人：不知道。

原代：对于这些检验情况是否在鉴定报告中进行记载？

鉴定人：应该记载。

原代：这个情况在鉴定报告中有无记载？

鉴定人：有记载。

原代：你陈述蒋某的鉴定报告是在哪一页记载的这些情况？

鉴定人：第二页第十六行。

原代：什么内容？

鉴定人：自述头痛头晕。

原代：我刚才问你的是头部检查、头发缺失的问题有无在鉴定报告中记载？

鉴定人：没有记载。

原代：刚才你说有记载是头痛头晕，头痛头晕需要用尺子量吗？

鉴定人：不用。

蒋某被对方撕扯下一绺头发，头部明显有头发缺失的伤情，该损害后果有可能构成轻微伤，但法医仅仅用肉眼看、尺子量进行检查，但在报告中并未记载检验情况。我通过重复发问方法让鉴定人承认头部损伤并没有记载，明显存在失职行为。

原代：检验照片中左膝关节损伤的照片，当时是检验的什么结果？

鉴定人：报告中第二页检验所见第二行中有记载，右膝关节应为左膝关节，有两处擦伤。

原代：你的意思是照片错了还是检验报告错误？

鉴定人：检验所见中检验记录记错了。

原代：这份鉴定报告有你们三个鉴定人的签字和鉴定机构的盖章，你是否是说你刚才说的鉴定报告记载错误代表鉴定机构弄错了？

鉴定人：检验记录记载错误不代表鉴定报告记载错误。

原代：你刚才对这个问题的回答是否自愿负法律责任？

鉴定人：无法回答。

原代：蒋某2023年5月18日的MRI诊断报告书诊断意见第一项双膝内外侧半月板前后脚损伤，这用肉眼看和尺子量能否确定？

鉴定人：不能。

原代：双膝髌上囊、关节腔积液同样不能用肉眼和尺子确定对吗？

鉴定人：对。

原代：双股骨远端、胫骨近端及髌骨骨髓水肿同样不能用肉眼和尺子确定对吗？

鉴定人：对。

原代：双膝关节周围软组织水肿同样用肉眼和尺子不能确定对吗？

鉴定人：不能确定。

原代：对于擦伤可以检验确定，对于不能通过肉眼和尺子量确定的损伤，你作为鉴定人并没有让蒋某做进一步检查，你觉得是否是工作失职或者做虚假鉴定？

鉴定人：没有做虚假鉴定，也没有失职，当时她没有说双膝关节疼痛，当时只看到有擦伤，虽然她左膝有损伤，如果她说双膝关节疼痛我们会让他们进行检查。

原代：你刚才说你不是主检人，你刚才的回答好像你知道这个情况，你刚才的回答是不是根据你知道的情况回答的，还是猜测的？

鉴定人：我不会猜测，我是客观评价。

蒋某身上的损伤比较多，但法医仅仅就明显的擦伤进行伤情鉴定，其他每一处损伤都有可能构成轻微伤，但法医均不予检查、评定。为展现法医明显存在失职行为，对于蒋某不同部分的损伤，不断重复“尺子量、肉眼看”这种发问风格。我知道鉴定人不会直接承认其是否存在失职或者虚假鉴定问题，但这个问题可以进一步证实鉴定人并不诚实。

原代：你刚才说对蒋某进行全面的身体检验，从MRI报告单来看，蒋某是双膝都有损伤，你现在还坚持鉴定报告记载的右膝关节有擦伤是错误的吗？

鉴定人：是左膝关节有擦伤。

原代：在检验时你是否在场？

鉴定人：我不在场。

原代：既然你不在场，你怎么能知道检验的是左膝关节损伤还是右膝关节？

鉴定人：照片有显示。

原代：你不是主检人也不是在场人，但蒋某是双膝都有损伤，你怎么能断定你记录的就错误了呢？

鉴定人：检验记录的是体表损伤，这种膝关节损伤是肉眼看不出来的。

原代：专科检查双膝部可见不规则擦伤，那么双膝都有擦伤为什么只检验左膝关节损伤？

鉴定人：我们检验的只是左膝关节，病历怎么记载的我们不知道。

原代：你对鉴定报告第二页记载的专科检查的内容有异议吗？

鉴定人：病历记载的每句话对我们来说只是参考，我们只以我们见到的事实为依据。

原代：你是否承认蒋某除了擦伤之外的损伤并没有进行鉴定或者被关注到？

鉴定人：当时鉴定报告作出的时间很短，5月18日进行伤情检验，5月22日出具鉴定报告，4天之内当事人只提供了一份入院记录（2页），没有提供其他辅助检查报告，包括入院记录记载的入院检查中记载的检查报告单都没有，只是检查结论。

原代：你们有无要求派出所提供询问笔录、监控视频等，这样更能准确判断成伤的机制？

鉴定人：提供了当时的伤情照片和询问笔录。

原代：提供的伤情照片和询问笔录是否应当在鉴定报告中进行体现或者记载？

鉴定人：派出所提供的出警照片对我们有辅助作用，但是鉴定报告不记载。

蒋某双膝均有擦伤，鉴定报告记载右膝关节有擦伤，而鉴定人承认只检查右膝损伤，也就是说鉴定报告内容记载错误。病历是重要的检材，通过病历记载的内容作为指引发现法医没有全面检查，然后设计发问问题。

原代：你看到××公安局刑事科学技术研究所所作出的重新鉴定报告了吗？

鉴定人：没有。

原代：重新鉴定的结论构成轻微伤，而依据的主要是2023年5月18日蒋某的MRI报告，对于这么明显的损伤，你们都没有进行检验或者纳入是否构成轻微伤或者轻伤的判断范围，你是否涉嫌失职？

鉴定人：没有失职。

原代：关于吴某的鉴定报告，吴某的鉴定申请时间是2023年5月18日，并没有任何送检材料，是不是？

鉴定人：送检材料中的无是指没有其他辅助报告单，但是有派出所送检的出警照片、询问笔录。

原代：送检材料并没有在鉴定报告中体现，能否提供完整的鉴定报告？

鉴定人：可以提供，提交吴某鉴定卷，共32页（当庭出示），交由原告代理人。

原代：要求被告提供蒋某、吴某、袁某、袁某的鉴定报告卷宗，待收到鉴定报告卷宗后再进行发问。

鉴定人拿着蒋某完整的鉴定卷，我借机要求鉴定人蒋某、吴某、袁某、袁某完整的鉴定卷，阅卷后再行使发问。

在整个交叉询问过程中，鉴定人是比较煎熬的，但被告一方始终没有通过提出“反对”来缓解鉴定人的压力。显然，被告知道这场交叉询问意味着什么。庭审后，被告负责人严厉训斥这名鉴定人，连连说道：“太被动了，太被动了。”

本案组织四次庭审，第三次庭审结束后，被告主动撤销六份行政处罚决定书。第四次庭审，法院向原告释明是否撤诉，但原告态度十分坚决，坚决不撤诉，于是法院判决被告作出的行政行为违法。

第八节　避免发问专业性问题

鉴定意见涉及专业性问题，大部分律师并非专业技术人员，想要在技术层面取得胜利难度比较大，但可以对鉴定意见书的形式要件展开发问，有时可以取得决定性作用，但这需要运气。

在一起建设工程施工合同中，我作为原告代理人对鉴定机构的两名鉴定人进行庭审发问，鉴定机构的另外两个工作人员旁听。

鉴定人胡某出庭，接受我方的询问。

原代：你是什么时候接受委托作为鉴定人的？

鉴定人：2019年6月15日。

原代：另外两个鉴定人是什么时间参与审计工作的？

鉴定人：其他的不清楚。

原代：你作为鉴定人参与涉案工程审计，你都做了哪些工作？

鉴定人：具体为图纸。我履行了我的职责。

原代：你对原告的异议有无认真审核？

鉴定人：该核对的我都核对了。我履行了我的职责。

原代：你和其他两名鉴定人有没有合议？

鉴定人：我们三人意见一致，认可我们的报告。

在设计和发问上述几个问题时，我已预料到对方会如此回答，经过简单的试探，可以知晓接下来所有技术性问题，鉴定人都不会很好地配合。接下来，我将极具有杀伤力的问题抛出来，打破这种表面平静。

原代：鉴定意见书上，你的名字是你本人所签吗？

鉴定人（表情有点紧张）：是的。

原代（拿起鉴定意见书）：另外两个鉴定人的名字，也是你亲笔所签吗？

我的话音未落，审计公司的负责人权某按捺不住焦虑的情绪，然后举手说："我知道。"

"你出去，你作为旁听人员没有权利发言。"为了减少旁听人员对发问的干扰，我大声呵斥道。

此时，审判长也制止了权某的发言。

在发问环节，询问人一定要专注于整个庭审场域，关注被询问人的言谈举止，一定要阻断对方当事人、旁听人员对其声援、提醒、暗示或者替其回答。对于任何不利于发问的言行要提请法官予以制止。

在庭审中，有些当事人有强烈的发问欲，但是他们不具备发问方面的经验，往往是自己陈述事实，如果证人是其一方申请的，那么就应当及时提出反对意见，因为申请方会给证人一些暗示、诱导。

向法官提出异议时要及时，不能让对方的意图实现或者表达出来，并且要简单直接。在看英美法系有关律师题材的电影时，"我反对"这种场景是十分常见的，而在我国庭审中却不多见，那么遇见类似情况又应该如何表达更符合我们的话语场景呢？其实没有比"反对"两个字更简单直接有力的，因此我们完全可以借用这个庭审用语。提出"反对"后可以停顿半秒钟，如果法官制止了对方的行为或者不予制止，那么你再阐述你反对的理由。

原代（法庭开始异常的安静）：从三个人的笔迹来看，书写线条非常流畅，名字之间的距离恰到好处，通过观察显然就是一个人所写，请你如实向法庭说明，你的签名是不是你本人亲笔所写？

鉴定人（心理防线已经溃败）：不是我亲笔签名，是别人代签的。

原代：另外两个鉴定人的姓名是谁签的？

鉴定人：我只回答涉及我的问题。

原代：杨某有没有造价工程师资格证？

鉴定人：我带了我的证书，交给法庭审核。我只回答我的问题。

在本案中，我方聘请甲作为专家辅助人出庭，法庭予以准许，但并未取得应有的效果。

下面庭审笔录，就是甲对鉴定人乙的交叉询问过程。

甲：水泥稳定层是如何计算的？

乙：按照规定按照你的合同按照你提供的材料计算的。

甲：水泥砼面层是如何计算的？

乙：按照规定按照你的合同按照你提供的材料计算的。计算得出的结果没有问题。

甲：稳定层应大于水泥砼面层，你是如何计算的？

乙：按照规定按照你的合同按照你提供的材料计算的。计算得出的结果没有问题。

甲：对鉴定报告提出的书面异议，请鉴定人员核对解释。

乙：出具的鉴定报告已经做出了结果。确认我们的计算结果。

原代：由于鉴定人对我们提出的问题，以符合图纸规范要求为由避而不答，我方不再发问。鉴定人已明确承认鉴定意见书并不是其本人所签，有理由相信鉴定人乙某并没有参与该鉴定过程。该鉴定意见书无效，不能作为认定案件事实的依据。

被代：听取专家证人与鉴定人之间的发问，如果该鉴定存在瑕疵，可以采取补充鉴定的方式予以说明，而不是彻底否定。出庭的鉴定人已经说明了鉴定意见所依据的是涉案工程的原始资料，并依据原始资料结合相关规定计算得出的鉴定数据。因此对鉴定的内容应当予以认定。原告的出庭专家未能就鉴定意见发表明确的、准确的个人意见，所提出的问题属于学理性的观点。所谓的专家发问，不能达到法律规定的专家效果。故此，专家所做的意见，表述不明确，法庭不应当采信原告其专家意见。

专家辅助人没有庭审发问方面的技巧，鉴定人亦不配合，庭审现场发问过程异常混乱。不管甲某问什么专业问题，乙某等人均以“按照规定按照你的合同按照你提供的材料计算”为由避而不答，有时称“听不懂甲某所说的话”，再继续下去，已没有任何实质意义。

第九节　“为什么这么问我”

目前，刑事庭审中存在严重的卷宗主义，鉴定人、证人、勘验人等出庭难，被告人、辩护人对鉴定意见书有异议，除常规质证方法外，申请被害人出庭以及对其发问则是最优选择。

被害人是当事人，往往会基于自身利益隐瞒事实真相或者说谎，面对被告人、辩护人咄咄逼人的发问，往往会感觉不适或愤怒，有时会出现戏剧性的瞬间。我在一起故意伤害案件中对被害人进行发问，就出现了令我难忘的具有戏剧性的一幕。

2018年6月1日，儿童节。

当天下午14:30，案发近两年时间，金某涉嫌故意伤害罪一案终于迎来第一次开庭。

在开庭之前，被害人许某很自信地走进法庭，然后坐在被害人席上。我和他有几十秒的眼神交流，我注视着他，捕捉着有用的信息，这时他用警惕的眼神也看着我——这一轮交锋，以许某转移视线告终，我知道预设的辩护策略已经成功一半了。

在庭审中，我对金某进行简单的直接询问，以此奠定无罪辩护的基础。在审判长宣布公诉人进行举证前，我及时提出：“根据《人民法院办理刑事案件第一审普通程序法庭调查规程（试行）》第九条第二款之规定：对被告人讯问、发问完毕后，其他证据出示前，在审判长主持下，参加庭审的被害人可以就起诉书指控的犯罪事实作出陈述。经审判长准许，控辩双方可以在被害人陈述后向被害人发问。作为被告人金某的辩护人请求对被害人进行发问，请审判长准许！”这一合理请求得到审判长的准许。

辩护人：被害人，你在派出所一共做了几次笔录？

许某：忘了，当时被金某打得头晕，记不清楚。

辩护人：两次以上还是三次以上？

许某：忘了。

辩护人：2016年7月10日，你与被告人撕扯后你是否离开现场？

许某：没有，去派出所了。

辩护人：撕扯结束后去派出所之前呢？

许某：没有。

辩护人：你第一次做笔录时，你原来说，去宾馆去洗洗脸是不是属实？

许某：时间太久了忘了。

辩护人：在办案民警到现场之后有没有简单地向你们了解一些情况？

许某：忘了。

辩护人：办案民警当时有没有进行录像？

许某：不知道。

辩护人：你是不是与金某坐警车一块去的派出所？

许某：不知道。

辩护人：你到派出所之后有没有向办案民警要水喝？

许某：要过，当时我胸闷头晕，感觉马上要昏过去了。

辩护人：有没有喝水？

许某：喝过。

辩护人：第一次询问笔录记载接近一个小时时间，你精神状况怎么样？

许某：很不好，感觉要晕倒，当时警官李某说坚持一下。

辩护人：嘴角流血吗？

许某：流血。

辩护人：办案民警是怎么处理的？

许某：没处理。

辩护人：也就是你嘴角流血办案民警没有做任何处理，对不对？

许某：对。

辩护人：在记录材料中你有没有向办案民警提出伤情比较重，要去医院看病，然后再做笔录？

许某：忘了。

辩护人：民警当时问你，当时都有谁受伤，你回答我的鼻子左嘴角出血了，左脸疼等，是不是这样？

许某：忘了。

辩护人：你当时没有提到牙松动或受伤，是不是？

许某：忘了。

辩护人：你还记得当时牙还在吗？

许某：忘了。

辩护人：打架结束后，到医院检查之前你有没有用手轻微碰你受伤的部位？比如用纸擦你嘴角的血？

许某：没有。

辩护人：你告诉法庭你嘴角和脸上流血，你是怎么处理的？

许某：我当时头很晕，忘了。

辩护人：你上嘴唇有多大的伤口？

许某：不知道。

辩护人：现在能比划一下吗？

许某：不能。

辩护人：你离开派出所大约是几点？

许某：不知道。

辩护人：你从派出所出来后都有哪些行程？都做了些什么？

许某：不知道，当时昏迷。

辩护人：你是什么时候昏迷的？

许某：从派出所出来。

辩护人：你从派出所出来，大约多长时间到医院治疗的？

许某：不知道。

辩护人：也就是说你从派出所出来后处于昏迷状况，其他事情不知道了，是不是这样？

许某：忘了。

辩护人：到医院治疗的时候是不是清醒？

许某：头很晕。

辩护人：你说一下当时伤在哪里了？

许某：不知道。

辩护人：派出所除了在事发当时做了一次询问笔录之后又做了四次询问笔录，那四次你怎么又回忆起来了呢？

许某：我想问一下法庭，我不是犯罪嫌疑人！为什么这么问我？

审判长：你可以回答也可以不回答，问你是辩护人的权利。

许某：我现在不想回答。

此时此刻，被害人许某已经十分恐慌、焦虑，用忘了、不清楚、不知道等理由来表达自己的这种情绪，对辩护人的发问显得十分不配合。作为刑事案件的被害人和公诉人坐在一起、共同指控被告人有罪，有种天然的优越感。有时，法官对被害人的态度也会比较缓和。

在接下来的庭审中，还有两三次辩护人与公诉人、被害人的交锋，显然在第一轮交锋中辩护人已占据有利形势，掌控整个庭审节奏。庭审的精彩，取决于法庭上法官、诉讼参与人的较量与配合。辩护人不能因为被害人不配合发问，就选择放弃。辩方的发问继续进行，在不经意间又出现一个精彩瞬间，被害人说："牙是自己掉的。"

辩护人：要求被害人回答这个问题，因为在询问笔录中有刘某的询问笔录，涉及刘某证言的真实性以及被害人是否涉嫌诬告陷害。

辩护人：你父亲和刘某是什么关系？

许某：不知道。

辩护人：离开派出所后你有没有见过刘某？

许某：不知道。

辩护人：你是怎么离开派出所的？

许某：不知道。

辩护人：你是怎么去的医院？

许某：不知道。

辩护人：谁陪你去的？

许某：不知道。

辩护人：你在医院怎么治疗的？

许某：不知道。

辩护人：你的牙是怎么掉的？

许某：自己掉的。

接下来，许某均以不知道来回答辩方的问题——表达自己愤怒的情绪；有时愤怒也会摧毁自己的心理防线，无意识地说出事实真相。面对本律师对他进行重复发问，在回答牙是怎么掉的这个问题时，说牙是自己掉的。此刻，我认为这个问题不能再继续发问了，否则就会提醒、暗示被害人改变原来的证词，选择见好就收，保留交叉询问的胜利果实。

被害人许某一直处在愤怒的情形中，没有意识到牙自己掉了会带来什么法律后果，我认为此时此刻法官、公诉人已经意识到这个问题的严重性或者

需要继续澄清。

审判长：公诉人对被害人有无发问？

公诉人：你说牙自己掉的是什么意思？

许某：就是自己掉下来的。

公诉人：通过刚才法庭调查以及辩护人提问的问题，辩护人认为被害人的牙齿脱落与被告人之间没有因果关系，我希望通过这个环节，被害人你向法庭说明一下你牙齿脱落的具体情况？

辩护人：（及时提出我反对）这个问题受害人已经回答，并且我问很多问题受害人都说不知道，公诉人针对这个问题继续发问就是引导被害人作伪证，也是公诉人渎职。

审判长：为了查明事实，被害人可以说一下。

公诉人：提醒一下辩护人，公诉人有发问的职责，也是合法的，法庭是有纪律的，希望辩护人遵守法庭纪律。

辩护人：公诉人有权发问，但发问要遵守规则。

审判长：这个问题双方不要对对方有攻击行为，为了查明案件事实，公诉人可以继续发问。

公诉人：请被害人回答上面的问题。

审判长：法庭认为有必要让被害人再回答一下。

许某：到了医院之后缝合了上嘴唇的伤口，然后让我下去拍牙齿片子，然后从拍完牙齿的片子之后牙齿就自己掉下来了。

审判长：公诉人还有无发问？

公诉人：没有了。

本辩护人早已意料到公诉人针对这个问题进行询问，审判长也会准许公诉人这么做。公诉人发问结束后，本辩护人明知被害人不配合发问，还是选择继续发问，进一步敲打被害人的心理防线。

辩护人：你的牙自己掉下来的时候你大脑清醒吗？

许某：我知道是自己掉下来的。

辩护人：这时大脑清醒吗？

许某：清醒。

辩护人：在这之前清醒吗？

许某：有时清醒有时不清醒。

辩护人：你说一下你离开派出所在偶尔清醒的情况下你记得什么事情？

许某：清醒的我已经说了。

辩护人：审判长，对被害人不再发问。

在证据开示之前，我及时提出对被害人进行发问。根据交叉询问的情况，已经为整个的辩护奠定坚实的基础，彻底动摇和撕裂了检方构建的证据体系。在对被害人许某进行交叉询问时，主要运用的是重复发问，通过不同的方式反复询问其从派出所出来到医院就诊这期间的行程，其极力回避这个问题，并表示出焦虑、恐慌甚至愤怒的表情，但是给主审法官、人民陪审员以及所有在场人员留下了不诚信的印象，这为案件的最终胜诉打下坚实的基础。

庭审结束后，被告人金某、亲友对庭审十分满意。我预测裁判结果，一审判无罪的可能性比较小，但是不会判实刑让其坐牢。

在被告人金某不认罪、不赔偿的情况下，某区人民法院于2018年12月19日作出刑事判决：被告人金某犯故意伤害罪，判处有期徒刑十个月，缓刑一年。上诉后，二审法院发回重审，重审开庭后，检察院撤回起诉。

第六章

庭审发问的基本原理与技能（一）

——做好发问前的一切准备

“今天的案件本来要败诉的，看了你的书之后，我把重点放在法庭提问上，使对方露出破绽，反败为胜！”

“上次请教您民间借贷的那个案子已发回重审了。”

“马律师，这是实际应用法庭发问权的一个小案子。首先书面申请法院通知原告本人出庭，庭审中发问，证实借据没有实际付款。最终驳回了原告诉请。案子虽然不大，也是一个成功案例。”

“我用了马主任说的方式方法，有两个案子获得挺好的结果。”

——部分律师同行给马相龙律师的留言

第一节　庭审发问的目的和价值

交叉询问作为英美法系刑事、民事及行政诉讼中的一个典型程序，它是让证人在各自作证之后，再受对方当事人或律师的询问，以验证其证言的真实性的保障程序。

我国没有交叉询问制度，但同样有直接询问和反询问的发问程序。本书的目的是根植于中国司法现状来探索庭审技能，因此我采用庭审发问的概念。

我认为庭审发问有两个重要目的：（1）直接目的是举证、质证的需要；（2）帮助法官查明案件事实。

（一）庭审发问举证、质证的需要

当事人发问权，属于质证权的范畴，是具体的举证质证方法；当事人发问权，属于辩论权的范畴，是具体的辩论方法。从这个意义上来说，庭审发问就是举证质证的需要。当己方证据存在瑕疵或者不足，可以就对方提出的质疑进行发问加强或者补正己方证据的证明力；为否定或者削弱对方证据证明力，发问是最有效的质证方法。譬如，对证人证言的举证质证，先有申请证人的一方发问，另一方再进行发问，显然庭审发问就是为了举证、质证的需要。

（二）帮助法官查明案件事实

在我国，法官承担着发现事实真相和法律适用的职责，庭审发问只是辅助法官查明案件事实。但是，相当一部分律师认为，律师的庭审工作其目的就是说服法官，从而争取对当事人有利的结果。说服，这个词有较强的情感色彩；从维护当事人的角度，能说服法官这是最好不过的，但我认为用帮助这个词更准确。法官与律师的立场、观点、认知等，是有差异的，庭审发问是十分必要的，通过这种对抗机制帮助法官发现案件事实真相，从而实现当事人的合法权益。

美国学者约翰·亨利将法官的特点概括为“年长、经验、精英”。他的理由是，年长有利于权威的树立，经验是对复杂的社会问题作出相对客观的分析，进而对当事人的是非责任作出判断的基础，精英则是法官这一崇高而智慧职业对从业者的基本道德要求。

我国近十多年来的法官选拔主要是通过公务员考试，要通过司法考试和公务员双重考核，看似非常严格，其实还是存在很多先天性不足。很多大学生，毕业不久就进入法官队伍，知识结构单一，生活经验相对欠缺。也许，有人会说他们经过长期审案会积累丰富的生活经验、优化知识结构等，也会成为精英法官，但基于立场、视角等不同，认识和看待问题有时也会存在局限和偏差。

另外，当事人基于信任与律师建立委托关系，往往会把全部案件情况告诉代理人；律师，为了当事人的合法权益，也会全面收集案件材料，包括与当事人进行沟通，从某种程度上来说，律师了解的案情更接近于客观事实。在庭审中，律师设计的发问问题，往往是从不同的视角揭露案件事实真相，可以打破法官在立场、社会经验、知识结构、情感等方面的局限性，弥补法官这方面的不足，所谓兼听则明，发问就是帮助法官查明案件事实的手段。

法官属于裁判者，在询问各方当事人时，要求保持中立地位，要讲究提问技术，因此法官询问亦存在手段受限。

横看成岭侧成峰，远近高低各不同。根据律师和法官不同的立场、视角等，在案件审理中，法官有权询问当事人，其关注点和面均有别于律师的发问，律师的发问能够引起法官对案件事实的关注，起到补充、提醒作用，帮助法官查明案件事实。

庭审发问，除了具有上述两个重要目的外，还有更深层次的价值与意义。当事人要积极为权利而斗争，为尊严而斗争，为法治而斗争，那么从这个层面上来讲，庭审发问具有抵制公权力对私权侵犯的价值，确保实现个案的公平正义。特别是当下司法生态不太乐观的情况下，庭审发问的价值尤其重大。

（一）可以提升司法的公平与效率

公平与效率是一个钱币的两面，是不可分割的。没有效率的公正，那是司法资源严重浪费和诉讼程序的拖延；没有公正的效率，谈不上司法公正。法官限制或者剥夺当事人发问权的一个重要理由就是会降低审判效率，同时又面临案多人少的现实压力，倘若仅聚焦于一个诉讼程序，也许会增加开庭次数和开庭时间，但要从保障个案的公平正义这个最终效果来说，这个理由是不能成立的。当事人对裁判结果认可度较低，上诉率、再审率居高不下就是一个很好的例证，限制或者剥夺当事人发问权，有时恰恰造成司法资源的浪费。

让我们用实例说话，也许有人认为个案不具有普遍性，但个案正是司法实践的折射，犹如一叶知秋，一个点也能窥其全貌。现列举《当事人发问权理论与实务研究》中记载的几个案例进行剖析。

• 案例一：彭某与吴某建设工程施工合同再审案。对具体案情不进行叙述，该案经过一审、二审，彭某不服申请再审，通过再审撤销一审、二审判决，发回重审，最终吴某撤诉。但值得一提的是，再审程序中，法官通过我对吴某的发问，关注到司法鉴定意见书检材是不真实的，由开始的不耐烦转为以职权询问，这是非常重要的点。我们思考一下，吴某为何最终要撤诉？

彭某和吴某对再审裁决认可吗？那么原一审、二审错判的原因何在？吴某通过再审庭审，预判到最终的裁判结果，最终选择撤诉，双方对再审裁决的结果是认可的。我们没有证据怀疑一审、二审存在司法腐败，但我想至少有一个重要原因，彭某的诉讼代理人缺失发问技巧，没有将案件事实展现在法庭上，没有很好地帮助法官查明案件事实。倘若法官和当事人三方协同，是完全可以将这个案件，在原一审程序里解决的。

• 案例二：张某与郓城某运输公司债权转让纠纷案，与这个案件也有类似之处，经过一审、二审和发回重审，最终张某选择撤诉。

• 案例三：王某与李某等民间借贷纠纷案。案情省略，本案从2014年初开始至2017年4月27日画上句号。长达三年多，历经一审、二审、发回重审、二审四次诉讼程序。王某最终败诉后，并未申请再审。这个案例，让我充分认识到当事人发问权的重要性，开始有意识地关注当事人发问权，并应用于庭审。我们从最终结局往前看，这种司法资源的浪费和损害多么大，没有公正，谈何效率。

（二）可以防止“突袭性裁判”，预防司法腐败

当事人发问，就是一项庭审技术，它是揭示真相的有效方法，我们无须通过对不同的诉讼理论、模式的比较，在识别和借鉴基础上去论证当事人发问权存在的必要性。尽管民事诉讼法以及司法解释，没有具体法条规定当事人享有相互发问的权利，但法院庭审模板有发问权环节设置，相信很多实务界人士已关注并运用发问权作为一种证明方法。发问权，是当事人应当享有的诉讼权利，这种权利的运用有助于展现案件真相。案件事实真相，直接来源于当事人，是当事人真实、客观的陈述。当事人的陈述是最接近事实真相的，但基于当事人的陈述有时会存在隐瞒或者说谎，那么允许当事人相互发问，事实真相会慢慢展现在法庭上，谎言会露出破绽，也会给法官发现事实真相的线索，打破法官的认知局限。

我国是成文法国家，对于法律原则、法律条文的理解，有时会出现理解

偏差，但最难的就是对案件事实的审查认定，难在无法提供规制事实认定的模板，有时依赖于法官个人的内心活动和经验。

在司法实践中，有相当一部分案件，事实是清楚的，但没有把案件事实以看得见的方式呈现在法庭上，原因不外乎两个方面：一是当事人或者法官缺乏识别和发现真相的能力；二是法官并不想这样做，不做的原因是基于自身无知或者私利。当案件事实不能以看得见的方式呈现在法庭上，这就为权力寻租和司法腐败提供了机会和空间。加强当事人发问权，提升庭审发问技能，让“雾里看花，水中捞月”般的事实变得清晰可见，让法官清清楚楚地看到事实真相，那么法官就不敢、不能歪曲事实，违背法律和良知枉法裁判。即使出现错误判决，当事人还可以通过上诉或者再审途径实现法律的正义。

第二节　发问贯穿于整个庭审

发问权属于质证权和辩论权的范畴，当事人相互发问的权利，贯穿于整个庭审过程，包括审前准备阶段、诉答阶段、法庭调查和法庭辩论。

在司法实践中，庭审环节不同，律师发问的目的亦不同，在核对当事人身份阶段，行使发问是解决诉讼主体资格问题；在诉答阶段，主要目的就是固定诉讼请求、明确法律关系以及争点整理；举证质证环节，主要目的是举证质证的需要；举证质证完毕后以及辩论环节，是为了进一步揭露或者还原事实真相，可以视为举证质证的延续。

在当下中国司法实践中，应当在庭审的哪个环节发问，如何把握发问时机，这考验一个诉讼律师驾驭庭审的能力、勇气和智慧。

（一）发问始于审前准备阶段

在核实当事人身份阶段，当事人可以行使发问权，以核实当事人诉讼主体是否适格，如果法官不予准许，那么也可以请求法官依职权进行调查核实。

譬如：甲公司诉乙、丙损害公司利益责任纠纷案中，我是乙的诉讼代理人，甲在诉状中把乙的身份证号码写错了，于是我就抓住这个瑕疵设计发问问题证明乙主体不适格。

在核对当事人身份时，原告报告完身份信息后，然后让乙报告身份信息，我说请求对原告发问几个问题再报告。

审（有点不耐烦）：这是核对当事人身份阶段，还没有到发问的环节，请报告乙的身份信息?

乙代：我发问的目的就是为了帮助法庭核对当事人身份，并再次提出请求发问。

乙代（法官没有支持也没有反对）：你公司起诉的乙就是民事起诉状所记载的身份证信息，对吗?

甲代：是的。

这个时候，法官再次制止我发问。然后，我就报告乙的身份，书记员将乙的身份证信息进行更正，这时甲的代理人也意识到这一点，并声称这是笔误，申请更正。法官询问我是否要求答辩期和举证期，我说请求对原告进行发问。

乙代：原告在立案时是否提交了乙的户籍证明?

审（法官对这个问题重复询问）：原告在起诉立案时是否提交了乙的户籍信息?

这时书记员通过网上立案系统进行查询，反复看了两三遍，没有发现乙的户籍证明材料。

甲代：没有。

审：原告当庭变更了乙的身份信息，乙对于本次庭审是否进行答辩应诉?

我说不同意变更，并详细阐明了理由，这次庭前会议持续二十多分钟就宣告结束。过了一个多星期，我方收到法院电子送达的裁定书，法院驳回原告的起诉。

如果你是甲的代理人，面对如此不利的境地，除了辩解是笔误并进行更正外，还应采取哪些补救措施？其实，甲代完全可以发问乙来证明乙身份具有明确性和唯一性。

我以甲方的立场来设计以下几个问题：

（1）你的委托人曾经是甲公司股东和法定代表人，是否同意？

（2）某年某月某日，你的委托人将股权转让给某某，并且不再担任法定代表人，对吗？

（3）乙和某某是夫妻关系，对吗？

（4）民事起诉状中提到的乙是你的委托人，你是否同意？

（5）根据一般人的智力水平可以判断，即使身份证号写错了，也能知道诉状中提到的乙就是你的委托人，你是否同意？

根据民事起诉状的事实与理由，所记载的内容可以使乙的身份具有明确性、唯一性、特定性，从而说明身份证信息错误是笔误。

（二）诉答阶段发问有利于固定权利请求和争点整理

在司法实践中，我们经常遇到原告起诉的法律关系不明确，比如诉讼请求所主张的是一种法律关系，而事实与理由部分主张的却是另外一种法律关系。针对这种情况，法官并没有行使释明权要求原告明确法律关系，如果被告一方的律师水平受限或者装聋作哑，庭审就会失去方向，导致诉累。

在一起不当得利案件中，我就遇见上述情况。在民事起诉状中，原告的诉讼请求表明是不当得利法律关系，而事实与理由中却陈述是借款，这就相互矛盾，一审法官未对当事人进行释明，被告也未要求原告明确法律关系。一审法院判决原告胜诉后，被告提起上诉，二审法院以一审法院法律关系不明确发回重审。

发回重审开庭时，在原告宣读起诉状后，我作为被告的代理人并没有马上答辩，而是请求原告明确法律关系。

审：下面由被告针对原告的请求和事实、理由进行答辩。

被代：在答辩之前要求被告明确法律关系，二审法院以诉讼请求不明确发回重审。要求原告明确涉案款项是不当得利款还是借款，然后再进行答辩。

原：不当得利纠纷。

重审后，一审法院驳回原告的诉讼请求，吴某不服一审判决，二审也驳回其上诉，维持一审判决。倘若，原一审法官通过询问方式让原告明确法律关系，确定争点，或被告的代理人帮助法官厘清和归纳争点，也许就没有后来的发回重审、二审。

显然，争点的确定对裁判结果的影响是很大的。作为律师，在维护当事人合法权益的前提下，要积极主动在这个阶段行使发问权，帮助法官正确审理案件，实现法律的效率与公平。

（三）在举证质证阶段及时行使发问权

在举证质证阶段进行发问，实际上是运用的“发问质证法”。刑事诉讼法司法解释明确规定了这一质证方法，而民事诉讼法以及司法解释并没有明确规定，但并不影响在民事案件中运用发问质证法。本书第六章详细阐述了发问式举证质证方式，本节就以案例方式简单说明一下在这个阶段当事人可以相互发问。

譬如，姚某诉张某、山东××建设集团有限公司劳务合同纠纷发回重审一案。

张某涉嫌以工人劳务费的名义索要工程款，涉嫌虚假诉讼。在本次庭审中，张某提供一宗考勤表，原告没有异议，轮到我方进行质证。

我方：审判长，我方在发表质证意见前，请允许对被告进行发问。根据民事诉讼规则的规定，质证就是围绕证据的真实性、合法性和关联性以及证明力有无和大小进行说明、质疑和辩驳。对该份证据是否真实以及形成过程，不进行发问，无法发表质证意见。

审：直接发表质证意见，举证质证完毕后，法庭给双方发问的机会。

我方：发问本身就是质证的一种方式，不进行发问无法进行质证。

审：那你发问吧。

我方：你给包括姚某在内的24名工人出具欠条，是不是依据考勤表。

张某：是。

我方：从考勤表上面能否看出每个工人工资、劳务报酬的计算方式。

张某：不能。

张某称考勤表是领班赵某记录的，但不显示工种、劳务报酬等详细信息，时间跨度达两三年，张某在没有核实的情况下，不可能掌握工资劳务费的情况，给姚某出具的欠条就是虚假的。通过发问几个问题，考勤表是否真实已经揭示出来。如果不经过发问，直接发表质证意见，对其真实性仅仅是说明、质疑，也无法提供反证，证实考勤表是虚假的，难以说服法官。如在举证质证完毕后再进行发问，对方通过你的质证已大体了解到你发问的内容和目的，已做好心理防御体系，难以实现发问目的。

（四）举证质证环节后行使发问权

在举证质证环节结束后，绝大部分法官准许发问，这个环节的发问可以视为举证质证活动的延续。尽管法官准许发问，但是大部分法官会基于各种目的限制发问，比如限制发问的时间和发问的问题数量等。如何破解发问障碍，本书第九章有详细阐述，在本节不再赘述。

（五）法庭辩论阶段行使发问权

在辩论阶段是否可以发问，根据发问权的权利属性分析，当事人发问完全没有问题，但从目前的庭审设计和司法实践来看，基本上不允许当事人相互发问。

在司法实践中，经常遇到这样的现象，在法庭辩论阶段，主审法官突然想起有些案件事实没有查明，会打断辩论或者在双方辩论结束后，利用职权恢复法庭调查，然后进行询问。按照我国民事诉讼法规定的审理程序，法庭调查和法庭辩论是截然不同的两个阶段。在法庭辩论阶段，提出的发问请求，会引起法庭调查的恢复，仍然属于法庭调查阶段。法官这种思维就是把法庭调查与法庭辩论割裂开了。

不过，律师也可以借鉴法官的做法，如果在法庭调查中遗漏重要的问题，没有进行查明，可以向法官说明该问题的必要性，需要向对方发问，如果法官和你一样也想查明这个问题，相信会同意这一合理请求。我认为在这个阶段的发问，仍然属于法庭辩论阶段。

第三节　当事人发问权的两大保障

在重大、复杂案件中，如果你想通过发问作为案件突破口，那么要求对方当事人本人出庭是十分必要的。在庭前，一定要向法院提出书面申请向对方下达到庭令，并且请求法院责令双方当事人签署诚信诉讼保证书，到庭令和诚信诉讼保证书是对当事人有效发问的两大保障措施。

（一）当事人到庭令制度

通过检索，全国各地法院均有向当事人本人下发到庭令的微创新。让我们看一下，哪些法院采取了这种措施。

• 2022年12月14日，广州市中级人民法院公众号发布一篇文章《广州法院发出首份〈当事人本人到庭令〉》。

• 2023年1月10日，东湖高新区法院在审理一起民间借贷纠纷案件时，发出首份《当事人本人到庭令》。

• 2023年2月8日，郊区人民法院尝试“微创新”，在审理一起因快递业务合作引发的特许经营合同纠纷案件中，向当事人王某发出《当事人本人到庭令》，督促其本人出庭接受法庭调查。

• 2023年2月14 日，中安在线报道：“近日，芜湖繁昌法院在一起股权转让纠纷案件中，根据案件审理需要，向原、被告发出《当事人本人到庭令》，要求双方当事人要亲自到庭参与法庭调查。据了解，这是全省首份《当事人本人到庭令》。”

这些均是法院以职权采取的司法措施，所列并不全。那么作为当事人或者诉讼律师能否向法院申请对方当事人本人出庭呢？从民事诉讼法以及司法解释的规定来看，没有规定依申请强制当事人出庭的法定情形，但也没有禁止当事人向法院申请责令对方当事人出庭的权利。

在一起债权转让纠纷案件中，我曾申请法院责令对方当事人、第三人本人出庭，但主审法官在第一次庭审时并没有支持我方的请求，后通过抗争获得法院支持，但对方也申请我方当事人本人出庭，于是法院通过12368向双方当事人下发到庭令。

2022年1月13日，我收到山东省潍坊市高新技术产业开发区人民法院通过12368推送的“当事人本人到庭令”。内容为：【刘某某】你好，本院受理的【（2021）鲁0791民初××××号】原告【赵某某】诉被告【刘某某】、第三人【孙某某、林某】关于【民间借贷纠纷】一案，鉴于案情需要，根据《最高人民法院关于适用〈中华人民共和国民事诉讼法〉的解释》第一百一十条：“人民法院认为有必要的，可以要求当事人本人到庭，就案件有关事实接受询问。在询问当事人之前，可以要求其签署保证书。保证书应当载明据实陈述、如有虚假陈述愿意接受处罚等内容。当事人应当在保证书上签字或者捺印。负有举证证明责任的当事人拒绝到庭、拒绝接受询问或者拒绝签署保证书，待证事实又欠缺其他证据证明的，人民法院对其主张的事实不予认定。”你方有义务出庭针对相关问题接受法庭质询，现通知你本人于庭审当日必须到庭，以便法庭核实相关情况。联系人【高某】电话【81853××】。

事实上，我在办理本案之前也经常申请法院责令对方当事人本人到庭，有一部分法官支持我的请求，但仅仅是在庭审笔录中进行告知并释明不出庭的法律后果。但是，从本案开始，我意识到当事人到庭令制度的重大价值。

《最高人民法院关于适用〈中华人民共和国民事诉讼法〉的解释》第一百一十条："人民法院认为有必要的，可以要求当事人本人到庭，就案件有关事实接受询问。在询问当事人之前，可以要求其签署保证书。保证书应当载明据实陈述、如有虚假陈述愿意接受处罚等内容。当事人应当在保证书上签字或者捺印。负有举证证明责任的当事人拒绝到庭、拒绝接受询问或者拒绝签署保证书，待证事实又欠缺其他证据证明的，人民法院对其主张的事实不予认定。"

这是强制当事人出庭的法律依据，法院据此作出当事人本人到庭令，并不是诉讼制度的创新，但其具有重大的现实意义，有利于实现个案公平正义，有利于推动司法改革和庭审实质化。

（1）当事人到庭是充分保障当事人之间相互发问的权利。我国民事诉讼法以及司法解释，并未规定当事人之间享有相互发问的权利，但在实践中这种权利是当事人应有之权利，绝大多数法官都会保障这种发问权。但当事人本人不出庭，这种发问效果是大打折扣的，不利于案件事实的查明。

（2）应建立当事人强制出庭的制度。我国民事庭审模式普遍认为是当事人主义，但在当事人本人出庭程序性设置上，却采取法官必要性审查，这难免带有职权主义色彩。当事人本人，对事实真相的查明意愿是最强烈的，因其涉及自身利益，对当事人本人是否出庭最具有发言权。我个人认为，民事诉讼法以及司法解释应当规定当事人强制出庭制度：法院认为有必要出庭的，可以职权签发当事人本人到庭令；依据当事人申请，法院签发当事人本人到庭令，不做任何必要性审查。

（3）推动庭审实质化改革。当事人发问权问题，是我国民事诉讼领域存在的独特现象。我个人在个案中遭遇当事人发问权困惑，通过著书立说的方式呼吁当事人发问权，努力打通当事人发问权与诉讼制度的链接，推动庭审模式改革。

（二）诚信诉讼保证书制度

法院责令当事人签署诚信诉讼保证书具有重大意义，可以促使当事人如实陈述案件事实，节约司法资源和成本。譬如：在一起不当得利纠纷二审案件中，我代理上诉人（一审被告）。庭审中，第三人在二审中的陈述与一审不一致，法官询问第三人哪一次是真实的，第三人回答二审是真实的，主审法官宣布休庭，责令第三人签署诚信诉讼保证书。第三人顿时恐慌起来，他向我求助如何办，我告诉他一定要实事求是，一审说的不属实，二审进行更正，这是法律鼓励和允许的行为。这是我第一次深深感受到诚信诉讼保证书对当事人心理上产生的巨大威慑力。

我受这个案件的启发，在以后的案件办理中，都会在核实当事人身份阶段，请求法院责令对方当事人签署诚信诉讼保证书，已方亦自愿签署。我努力争取好多年，也仅有几起案件中得到法官支持。有些法官认为即使不签署保证书，对当事人妨碍诉讼秩序的行为也要给予处罚，我认为签署保证书对当事人来说有一定的仪式感，无形中会增加说谎的心理负担，有利于案件事实的查明。事实上，有些当事人对签署诚信诉讼保证书是抗拒的。

譬如：在一起合伙纠纷案件中，对方当事人的代理人，认为签署诚信诉讼保证书没有法律依据，拒绝签署。

以下是庭审片段：

原代：对原告以及代理人出庭资格没有异议。但请求法院责令被告陕某及代理人签署诚信诉讼保证书，原告和代理人自愿签署诚信诉讼保证书。

审：各方的到庭当事人要如实向法庭陈述相关的事实，作虚假诉讼隐瞒事实等，未完全履行诉讼义务，要承担相应的法律责任，都听清楚了吗？

原告：听清了。要求双方都要签署诚信诉讼保证书。

被代：听清了。同意如实陈述，也愿意承担相应的法律责任，但签署这个于法无据。有依据我们就签署。

审：现在法庭要求被告陕某签署诚信诉讼保证书，你方是否签署？

被代：我认为没有法律依据。

我在提出这项请求的同时，向法庭提交一份诚信诉讼保证书版本。但非常遗憾，审判长并没有当庭告知被告以及代理人相关法律规定，从某种程度上纵容了被告不诚信的行为，有损法院权威。当我明确指出这些诉讼措施的法律依据是：《最高人民法院关于适用〈中华人民共和国民事诉讼法〉的解释》第一百一十条："人民法院认为有必要的，可以要求当事人本人到庭，就案件有关事实接受询问。在询问当事人之前，可以要求其签署保证书。"

"原告提到的最高院的第一百一十条，前提是当事人未到庭的，而被告的当事人自始至终一直参与庭审，因此要求签署保证书于法无据。"被告代理人又强词夺理地说。

显然，这个律师故意曲解法律规定，为拒签诚信诉讼保证书寻找借口。在下一次庭审时，我再次提出该项请求，法庭责令被告签署诚信诉讼保证书。

当你决定向对方当事人发问时，那么申请到庭令是保障发问效果的前提条件，并在法庭调查时请求签署诚信诉讼保证书。也许，你提出该项请求有时会遭到法官的拒绝，但律师为保障当事人权利仍要坚持提出。

附：诚信诉讼保证书范本

诚信诉讼保证书

×××人民法院：

本人/本单位______已仔细阅读《诚信诉讼提示书》，在贵院审理/执行民初××××号 一案的过程中，本人/本单位______保证诚实守信，依法行使诉讼权利，依法履行诉讼义务，不进行任何虚假诉讼、恶意诉讼和滥用诉权的行为，否则将承担诉讼不利后果和相应的法律责任。

保证人：

年　　月　　日

第四节　庭审发问三种错误的认识

在司法实践中，有一部分律师，做诉讼案件还是习惯于传统模式，按照庭审三阶段进行：法庭准备、法庭调查和法庭辩论。在法庭调查时，按照举证质证的传统方式，不善于发问。这种方式，没有发挥律师的主观能动性，把希望寄托于法官身上。究其原因，这也是发问存在的误区。

（一）认为常识或者经验法则是人人可以掌握的

最高人民法院《关于民事诉讼证据的若干规定》第十条规定："下列事实，当事人无须举证证明：（一）自然规律以及定理、定律；（二）众所周知的事实；（三）根据法律规定推定的事实；（四）根据已知的事实和日常生活经验法则推定出的另一事实；（五）已为仲裁机构的生效裁决所确认的事实；（六）已为人民法院发生法律效力的裁判所确认的基本事实；（七）已为有效公证文书所证明的事实。　前款第二项至第五项事实，当事人有相反证据足以反驳的除外；第六项、第七项事实，当事人有相反证据足以推翻的除外。"

根据该规定来看，常识或者日常生活经验法则，也不是人人可以不证而知的，仍然需要识别和判断。成年人往往会基于某种压力、目的或者利益违背真实意思作出一定的承诺或者签署法律文件，这是一个不争的事实。一旦产生纠纷，相对方会主张："你是成年人，是完全民事行为能力人，在承诺书或者法律文件上签字，就是真实意思表示。”法院在裁判时，也会以此为理由认定该承诺书或者法律文件是合法有效的。

在一起建设工程施工合同纠纷案件中，我在举证质证环节中说：“被告将案涉工程转包给原告，原告完成的工程量产值为500万余元，而被告只给原告结算76万余元（并且让原告承担贴息），不管是成年人还是成年的法律人（律师），哪怕是小学生也知道这是显失公平的。被告一直强调原告是成年人，作为成年人更应该理解成年人的无奈、无助以及悲惨之境遇，在当下这个成年人的社会，很多人为了利益已经失去了法律和良知的底线，这才是成年人世界的真相和残酷。从原告与被告的工作人员的对账过程中，不能说明原告签订结算协议是自愿的、合同是公平的，要根据人之常情、常识来判断，日常生活经验法则是认定事实的重要依据。”而且，我当庭指出，被告的诉讼代理人也是成年人却在庭审中公然说谎，这也足以说明成年人所作出的民事法律行为并不都是自愿的。

因此，你要通过发问的方式，来帮助法官在认定事实和审核证据效力时，正确识别和应用常识或者日常生活经验法则。要通过发问让法官感知法律上的事实与客观事实是不一致的，从而正确识别和判断常识和日常生活经验法则，从而作出正确的裁决。

（二）认为把观点和理由陈述清楚就足够

在司法实践中，经常会发生一种情况，原告说原告的，被告说被告的，婆说婆有理，公说公有理，法院却按照自己的认知思维裁判。这种庭审方式，并不能以看得见、摸得着的方式将案件事实展现出来，更不能预防裁判突袭或者司法腐败。

例如，在一起建设工程施工合同纠纷案件中，我是原告代理人。本案进行六次庭审，还没有将庭审程序走完。被告提交很多证据，我看了一遍，直觉告诉我这些都是与第三人恶意串通伪造的证据。

在第二次庭审结束后，第三人主动告诉我，这些证据是假的，是被告欺骗他出具的，我说：“我执业二十年了，我看了一眼就知道它是假的了。”

原告将这一情况告知主审法官，主审法官却说：“我知道，第三人方某已经告诉我了，但不能光听方某说，你要有证据证明他说的是假的。”主审法官的说法，真的是让人无法呼吸了，第三人亲口告诉他，那些证据是假的，他却要原告拿出证据证明。主审法官的思维、观点对原告不利，如果仅仅通过辩论、说理就认为可以实现个案公正，这是过于自信了。最后，我和当事人商议，还是对这位主审法官申请了回避。

更换法官后，在第六次庭审结束后，第三人方某向法院提交了一份证明，内容为：

××县法院领导：

我方某以前给某某公司田某某写的假手续，我现在不再认同，因为田某某使用手段诱我出具。田某某承诺的条件他也不承认，重新算账也不给我算，所以我推翻以前出的所有手续。

方某某

×年×月×日

被告提交的与第三人恶意串通伪造的证据，我靠直觉可以判断出来，也可以说出充分的理由和依据，但法官在判决时依然会说，这只是原告的怀疑和推测，没有证据证明是伪造的。因此，我坚持让被告田某、第三人方某出庭接受发问，以发问揭示真相的方案是十分正确的。当方某出具这份证明，我认为不用发问也已达到目标。

（三）认为法官已查清无需发问

法官心证公开，最重要的是体现在裁判文书中，而在庭审中很少公开，即使公开也是表达自己的观点，并不记载于庭审笔录中，这种公开往往会产生一种错误信号。当法官心证结论不明时，不可放弃发问。

譬如：甲公司诉乙公司等海域使用权纠纷一案。

本案的事实争点：原告在签订合同时，370万元是否投资到位。被告否认原告提供了项目合作协议中370万元的现金。而事实上在签订合作协议前，已经投资到位，由于原告没有让被告在明细表上签字和盖章，不予承认。第一次开庭时，法官要求双方庭后对账。在第二次开庭时，法官针对这个争点进行询问。

审：在上次庭审中，原被告围绕各自的诉求分别进行了陈述并举证，本庭均已记录在卷，其中原告提交了7组证据，被告发表了质证意见，被告提交7组证据，原告进行了质证，关于本案通过上次庭审来看，双方对于合同约定的原告提供现金370万元（本协议签订时该370万元已到位）原告是否履行了该义务存在争议，鉴于这种情况，上次庭审中，要求双方进行对账，双方庭后是否进行了对账，是什么结果?

原告：通过对账，财务凭证只有6万多元没有被告3的签字，这6万多元支付的费用是被告3、被告4以及其他雇佣工人的工资。对该6万多元的支出有相关的凭证，也是用在该项目上了。

被告：原告提交的相应凭证，确实有部分没有被告3的签字，但即便是有被告方签字的凭据，只能说明原告在2015年12月16日项目合作协议之前，已经就双方已有的合作支出了相关的款项，但这不意味着向被告在本次合作时提供现金370万元，另外，根据合作协议第5条，被告在返还相应费用时，应扣除被告方所投入的如基桩、大绳等不可移动生产资料，但原告所投370万元中有相当部分属于人工费等非固定资产投资，对于该部分被告没有义务承接支付。

审：根据合同的约定，虽然约定原告是提供现金370万元，但合同已明确说明该370万元已到位，请原告陈述一下，这370万元投入的时间是什么时候。

原告：2015年5月至2015年12月这期间。

被告：是的。

审：请被告回答下，你们庭后对账，你们确认经过你们签字认可的有多少？

被告：不是原告所说的那样。

审：请原告回答下，刚才陈述上述投入是在2015年5月至2015年12月，正常的紫菜养殖是从什么时候开始到什么时候？

原告：对紫菜养殖项目我们不太懂，是被告3负责的。

被告：正常情况下是10个月，6月份至7月份做准备工作，投苗是9月底，收获正常情况下是11月底可以收，收到来年的3月、4月。

审：对刚才被告的陈述原告是否认可。

原告：大致是这样的，但是大约是3月份开始育苗。

审：根据刚才双方的陈述，实际上涉案合作协议签订的时候双方此前已经进行了相关的投入，包括原告也已经对相关的紫菜养殖进行了投入，也就是说，合同签订的时候，原告并不是仅仅交付了一片海域。

被告：是的，同意法庭的归纳。

审：本院认为双方签订的项目合作协议，是双方的真实意思表示，双方具有完全民事行为能力，能够理解合同文义的内容，关于项目合作协议所约定的370万元，实际上是对原告在协议签订之前投入的作价。也就是说，双方的意思是原告将其前期投入产生的利益转让给被告，被告支付原告对价370万元。对法庭的归纳双方有无意见？

原告：没有意见。另外补充一下，第二年被告将我们的船退回来了，我们又减掉了20万元，所以我们起诉的金额为350万元。

被告：对法庭的归纳没有意见。被告不是应向原告支付370万元，而是扣除合作协议解除或终止时，涉案海域既有不可移动资产后，再支付。

因被告否认原告对涉案海域370万元的投入，我针对这个问题设计了一系列问题准备向被告发问，当主审法官公开内心确信的事实，并征求当事人的意见，允许进行辩论，并记录于庭审笔录中时，我对本案裁判结果有了正确判断，于是就不再向被告进行发问了。

法官心证结论公开，这也是审判公开的内在要求。我认为法官心证形成于庭审，心证结论公开于庭审，而不仅仅体现在裁判文书上。这就需要争点整理、自由心证、释明权规则的完善以及法官庭审技能的提升。

在个案中，当事人以及社会公众可以通过庭审理性预判裁判结果，就像擂台比赛，即使不懂竞技规则的人，通过观看，也能知道谁输谁赢，这才是真正的审判公开。

第五节　如何问出精彩

在设计发问清单以及庭审实战中，实现发问目的是最重要的。要想实现发问目的，这离不开设计好的发问问题。好的发问问题，可以分不同的层次，那么如何能问出精彩，这应当是诉讼律师追求的目标。当下中国庭审，大多数律师欠缺发问技巧，如讲述英美法系的交叉询问案例，有一部分律师认为不适合中国实践，那么根植于中国庭审实践来总结庭审发问的技巧显得非常重要。

那么，根据我的发问实战经验，尝试总结问出精彩的四种方法。

（一）具有画面感，问出常识

在设计发问问题时，可以借助具体的东西，问出常识，实现强烈的视角画面感，让普通人都能判断出对与错。例如下面的发问：

原代：膝关节积液能通过肉眼观察知道是什么原因形成的吗？

鉴定人：不能看到。

原代：用尺子量是否可以确认？

鉴定人：不能确认。

原代：根据你的法医学知识和经验是否可以确认？

鉴定人：不能确认。

擦伤可以用观察法和尺子量进行确认，但对蒋某其他损伤，通过发问让鉴定人承认用肉眼观察、尺子量以及法医学知识和经验均不能确认。借用“肉眼观察”“尺子量”检验方法不能确认膝关节损伤程度，这是常识。通过发问可以让普通人都能判断鉴定人存在失职行为。

（二）继续追问，问出谎言

设计发问清单非常重要，一般情况下可以预见被询问人如何回答，但要根据其回答继续追问来证实其说谎或者不诚信，否则发问的效果就大打折扣。例如下面的发问：

辩护人：你的牙自己掉下来的时候这时大脑清醒吗？

许某：我知道是自己掉下来的。

辩护人：这时大脑清醒吗？

许某：清醒。

辩护人：在这之前清醒吗？

许某：有时清醒有时不清醒。

辩护人：你说一下你离开派出所在偶尔清醒的情况下你记得什么事情？

许某：清醒的我已经说了。

当我反复问许某离开派出所到医院这段时间都干了什么事情，其均以头脑不清醒拒绝回答，后通过反复发问，许某在情绪失控时说“牙自己掉的”，这一戏剧的一幕出现后，公诉人和法官知道许某的回答意味着什么，于是又补充讯问。于是，我请求再询问，反复问许某清醒的时候记得做了哪些事情，以证实许某说谎。

（三）重复发问，问出反常

事出反常必有妖，有疑必要问。对于一些反常的行为，一定要重复性发问，问出荒谬，问出反常。例如下面的发问：

原：田某有没有给你写授权委托书？

证：没有书面的，只是口头的。

原：一直没有出具书面委托书，是吗？

证：没有书面，是口头委托我。

原：田某是一直不在现场，还是偶尔去现场？

证：因为身体不好，看病的时候不在现场，其他时间都在现场。

原：看病时间多还是在现场时间多？

证：差不多，一有时间就去现场，一多半的时间在现场。

原：签协议时田某是否在现场？

证：在现场。

原：既然田某在现场，田某为什么不在协议上签字？

证：因为我作为田某代理人，可以在协议上签字，且小区里所有现场结算包括起草合同、签合同都是我来进行的。

原：田某会写字吗？

证：会，文化水平不高，写不好。

原：方某当时提出让田某签字了吗？

证：没有。方某、侯某都在现场，我代表田某签字，方某、侯某没有提出任何异议。

……

原：什么情况下田某自己签字？

证：根据其个人身体情况和是不是在现场。

原：签订分包协议解除协议书及竣工结算书，田某身体状况如何？

证：身体状况不是很好，2017年年底查出身体有病。

原：签名这种简单动作能完成吗？

证：我代表田某行使权利是田某口头委托的，我有这个权利。

田某、方某恶意串通伪造合同以及竣工结算书等，但田某又惧怕承担法律责任，于是伪造的所有文件中均没有田某的签字，均是证人胡某代签。通过反复发问，可以证实证人胡某以田某身体原因口头授权其签字是反常的。

（四）乘其不备，问出戏剧性

在庭审发问中，可以通过反复发问、追问同样的大量问题，这会造成被询问人情绪失控、愤怒，对其不利的答案有可能会脱口而出，戏剧性一幕往往在这个时候出现。例如下面的发问：

辩护人：你是怎么离开派出所的？

许某：不知道。

辩护人：你是怎么去的医院？

许某：不知道。

辩护人：谁陪你去的？

许某：不知道。

辩护人：你在医院怎么治疗的？

许某：不知道。

辩护人：你的牙是怎么掉的？

许某：自己掉的。

“你的牙是怎么掉的”，这是一个开放性问题。如果从交叉询问技术角度来分析，辩护人询问被害人许某是极其冒险的，不可能得到想要的答案，这并不是一个好的问题。但是，在对抗激烈的交叉询问中，经过一系列问题的铺垫，值得发问。

（五）明知故问，问出荒谬

当事人的陈述涉及案件事实的内容属于证据意义上的当事人陈述，但在司法实践中往往忽视这一证据种类的价值，那么律师代为陈述的内容更是视为个人意见，难以起到证明作用。那么这就需要发问来展现案件事实，甚至是明知故问，往往会问出精彩。

譬如：济南某经纪公司（简称丁公司）诉卢某劳务合同纠纷一案，我代理卢某一审、二审。当下，直播行业在野蛮生长，有一些所谓的经纪公司和直播主播打着才艺的幌子，为社会制造庸俗不堪的产品，应当引起整个社会的重视。

卢某刚满十八周岁，初中毕业，没有一技之长，于是应聘到这家经纪公司，并签订书面的《主播经纪合同》。合同期限五年，如卢某违约将承担100万元违约金。卢某干了不到一年时间就离职了，于是这家经纪公司就起诉卢某支付违约金50万元。

那么，我就围绕卢某有无才艺以及丁公司是否提供了合同约定的培训服务展开发问，完全可以预判丁公司不好回答。

被代：在面试时，你公司要了解被告哪些个人情况，比如学历、才艺等？

丁：被告称，曾经从事过房地产销售，语言表达能力强，入职后从事语言类的直播。

被代：你认为被告直播内容属于哪一类才艺？

丁（犹豫一会）：属于“脱口秀节目”。

被代：你公司对包括被告在内的直播有没有培训，培训内容是什么？

丁：沉默。

……

丁公司的律师关掉话筒轻轻告知其不用回答，丁公司法定代表人沉默不语。丁公司回答卢某直播内容属于“脱口秀节目”，这让一般人都感觉十分荒谬，精彩的问题往往就是在一瞬间出现。

第六节　如何安排庭审发问的顺序

在设计发问问题以及在庭审实战中，如何安排发问问题的先后顺序，有没有公式可以借鉴，相当一部分诉讼律师面对个案时会思考这个问题，即使擅长发问的律师也会精心安排发问的顺序。

对于整个庭审发问过程需要构建逻辑体系，比如时间和空间为主线等，这不是本节的重点。对于局部几个、十几个问题知道如何布兵排阵，那么整个发问的布局和结构自然就呈现出来了。根据实战经验，我总结以下几种安排庭审发问顺序的方法。

（一）一个问题，需要其他问题进行铺垫，水到渠成

发问，是一个循序渐进的过程，需要迂回、需要铺垫，才能实现发问的效果。如果第一时间把重要问题抛出来，这就暴露了发问目标或者意图，不仅不能实现发问目的，且难以补救。

譬如下面一段发问：

原代：针对蒋某鉴定报告向你进行发问。

2023年5月18日受理了蒋某的法医损伤鉴定申请，送检材料是××医院入院记录，除了有擦伤外，入院诊断还记载：（1）多处软组织损伤；（2）膝关节积液。你有没有看到这方面的记录或者损伤情况？

鉴定人：这个案件主办人是曾某同志，后来考入外单位，今天我代理他出庭，第一接诊人是曾某，我也是作为鉴定人之一了解案情。入院记录已经看到有这部分记载。

原代：膝关节积液是否与外伤有关系？

鉴定人：不一定，有多种情况可以形成，一种是疾病形成，一种是外伤形成。

原代：在这种情况下，你们有无让蒋某做检查进一步确认他的成伤机制或原因是什么？

鉴定人：从病历上看确实有膝关节积液这一条，但并没有诊断依据。

原代：你们有无让蒋某做检查进一步确认她的成伤机制或原因是什么？

鉴定人：当时这个案子不是我接的，主办人应该告诉他。

原代：你们有无让蒋某做检查进一步确认她是疾病还是外伤造成的？

鉴定人：案子不是我主办的，我不清楚。

原代：你不清楚的意思是什么？

鉴定人：当时主办案件的人员是否通知受害人做进一步检查我不清楚。

原代：你没有通知她做进一步检查？

鉴定人：我没有通知。

检验报告中记载送检材料是入院病历，对于病历记载的内容，鉴定人是无法否认的。第一个发问的问题是“你有没有看到这方面的记录或者损伤情况”，这个问题就是铺垫性问题，他注意到蒋某的伤，除了擦伤，还有其他比较严重的损伤，需要借助影像片来进一步检验、确认，但鉴定人并没有这么做。就这一组问题来说，“鉴定人没有通知蒋某做进一步检查”作为结尾，前面的问题均是铺垫。

（二）采取开放性问题，逐步引导被询问人暴露出错误、矛盾，然后再采取封闭性问题，击破对方的心理防线

一起诉讼案件，实际上就是一个故事。在这个故事中，每一个人的角色又有所不同。一个人的立场、观点、文化等存在差异，讲故事的能力亦有所不同，特别是编造虚假的故事。采取开放性问题，可以引导被询问人讲述其知道的故事，讲述结束了，矛盾自然暴露出来，这个时候就可以收网打击。譬如下面的发问：

被告：2023年某月某日，你出具了一份证明。你说一下这份证明形成的过程?

于；赵某找的我出具证明。

被告：内容是谁起草的?

于：不清楚。

被告：是你自己起草的吗?

于：不清楚，我不会打字。

被告：也就是说证明的内容你不清楚的?

于：记不清楚了。

被告：在什么地方签了这个字?

于：赵某拿着证明在我家中签的字。

被告：赵某在起草这份证明的时候，和你电话沟通内容了吗?

于：没有。

被告：也就是说赵某拿着这个证明，直接就让你在家中签字?

于：就是赵某让我签字我就签字了。

被告：在签字之前，你没有看到这个证明，对吗?

于：记不清楚了。

被告：肯定不是在你家打印的对吗?

于：不是。

被告：你什么时候知道原告起诉？

于：不清楚。

第一个问题就是开放性问题，让被询问人主动陈述整个问题是比较困难的，可以引导其陈述完整，然后再用封闭性问题，比如“肯定不是在家打印的”等，从而证实于某的证人证言是赵某伪造的，这是这一组发问所要达到的目的，具体内容是虚假的，需要进一步发问来揭露。

（三）重复性发问

重复发问，可以针对同一个问题变换不同的句式，也可以针对不同的对象发问同样的问题。在一些案件中，当事人众多，情况类似，这个时候可以设计同样的问题向不同的当事人发问。这个时候要考虑发问的先后顺序，是先拿软的捏，起到杀鸡儆猴的效果；还是先拿硬的开刀，起到擒贼先擒王的效果，这需要精心设计。

第七节 掌握确凿的事实

在民事案件中，证人往往会基于与申请出庭的一方当事人存在利害关系有意做伪造，或者隐瞒某些重要事实，那么要想戳穿其谎言或者还原事实真相，你需要和委托人充分沟通，全面了解案情，有时看似与案件无关的确凿事实或者证据材料可以帮助你设计好的发问问题，取得全局的胜利。

譬如：杨某诉甲公司民间借贷纠纷一案。

庭前，杨某申请证人王某出庭作证，两人有亲戚关系，拟证明涉案借款的资金来源、借贷经过以及催收情况。我作为甲公司一审诉讼代理人出庭应诉，对王某证言内容已作出预判。

20世纪90年代，17万元应算是很大一笔款。从1997年借款至2017年11月11日起诉，长达20多年没有起诉，这是不符合常理的。我先对资金来源、交付经过进行详细发问，对于催要的事实继续盘问。

被代：你对这个甲公司的资产状况是否了解？

原代：这个问题与本案无关。

（原告的一名年轻律师再次提出“我反对”，似乎是受欧美律师题材的电影的影响，我要求审判长对其警告，法官默不作声。）

王某：我经常关注着公司的经营情况。

被代：对2014年甲公司家属楼拆迁是否清楚？

王某：不清楚。

被代：你是否清楚其他人起诉甲公司，拿到胜诉判决，并且债权得到实现这一情况？

原代：请审判长提醒对方代理人不要询问本案无关的问题。

现场气氛即沉静又激烈，整个交叉询问环节，这名年轻律师提出十多次我反对，企图阻止证人陈述对杨某不利的证言，但证人并没有领会其意图。因为法官并没有阻止对方的干扰，我就告诉对方：“你提反对有用吗？反对无效。”

王某：这个我不清楚。

在庭前，我掌握了甲公司在2014年住宅楼拆迁这一事实，并且在这前后甲公司的其他债权人，均通过诉讼或者调解方式实现全部或部分债权，而该证人声称每年都向甲公司要账，并且时刻关注甲公司的经营状况，那么对甲公司住宅楼拆迁的重要事实不清楚不了解，显然不符合常识。王某的两个“不清楚”意味着：即使民间借贷关系生效，也已超过诉讼时效。王某在这一点上还是比较诚实的，原告的代理人一再提出“我反对”干扰发问或者暗示证人应该如何回答，可是王某并没有领会其意思，依然向着我方有利的方面回答。

如果原告的诉讼代理人在庭前已对证人进行辅导，那么也只是对资金来源、借贷经过以及催收过程进行演练，我方想从中问出破绽是有一定困难的。那么针对甲公司经营状况、2014年住宅楼拆迁，以及其他债权人主张债权的事实，相信原告的代理人并不掌握，并不在演练的内容，因此我在发问该问题时取得出其不意的效果。

第八节　攻心式开场白

在庭审中，律师在征求法官准许后，可以对证人、对方当事人进行发问，绝大部分律师的做法就是直奔主题进行发问。要想提升律师的庭审张力，我个人认为，在发问前要根据案情、被询问人不同情况进行语言铺垫，这样做有以下好处：

- 增强发问的仪式感
- 减少发问中的干扰
- 给被询问人心理压力

那么，在发问前应该如何进行开场白，如何铺垫，能否达到预期效果，这属于个人主观判断的问题。在这里，我只谈自己的实际做法以及个人感悟。

例1：一起民间借贷纠纷二审案件

经审判长准许后，向被上诉人（一审原告）进行发问前，我做如下开场白：

审判长，在发问之前，我说明两点：

第一点，上诉人对邵某本人发问，因发问的问题涉及案件事实，要求其本人回答，其代理人不得打断或代替其回答。

第二点，一审第三次开庭，庭前被上诉人代理人私下告知法官其委托人有心脏病等，怕情绪激动。在发问环节，上诉人代理人刚发问几个问题，被上诉人本人说："如果在发问过程中我的身体出了问题，你要负责任。"当上诉人要求继续发问，主审法官三次提醒上诉人代理人不要再发问了。

请求审判长向被上诉人核实，身体状况能否接受发问。如果今天身体状况不允许，我的发问问题请求审判长进行询问，或者延期审理。

被（在其律师的小声提醒下）：我尽量回答。

审：希望双方当事人和律师针对案件基本事实和影响法官判断的争议问题进行发问，不得有意激怒当事人，如果当事人有身体不适的情况可以提出。

在一审时，被上诉人十分嚣张，一审主审法官不知为何对其十分宽容。在二审发问前，我之所以如此开场就是给被上诉人心理压力，要给二审法官一个强烈的印象——被上诉人不诚信。

例2：一起行政处罚案件

在对鉴定人（法医）进行发问前，我发现鉴定人跷着二郎腿。我觉得有必要进行提醒、制止，说明在接受询问时要有仪式感。我向审判长提出鉴定人在法庭上跷着二郎腿有点不严肃，请求予以制止。

例3：一起民间借贷纠纷案

该案中有很多旁听人员，这些人员都认识当事人，于是律师就在发问的铺垫中着重强调"今天来了很多你的亲朋好友老乡同事，希望你如实回答，不要隐瞒，不要歪曲，否则大家心里有杆秤"，这样的表述就给当事人带来极大的心理压力，即使他最初有隐瞒或撒谎的动机，但面临诸多其他在场人证，他也不敢说谎话。

第九节　发问不是一场开卷考试

在当下庭审中，发问效果受制于各种因素，比如：法官让你提交发问提纲；对方当事人不出庭，其代理人不能回答或者出于诉讼技巧的考虑当庭不回答，法官告知庭后回复；法官让你把所有发问的问题都一次性说出来，然后再决定是否有必要回答；如果发问的问题比较多，有些法官会让你提交问题清单，然后让对方当事人庭后回复，等等。庭审发问，离开法庭这个场域，发问的效果则难以实现。

在走进法庭前，对庭审中遇到的种种障碍要有预案，要有对策。

譬如，甲诉某县自然资源和规划局（简称乙）、第三人丙宅基地使用权登记一案。我是甲的代理人。经过认真、全面研究案件材料，勘验现场，我个人认为甲胜诉完全没有问题。但为了防止胜诉后，乙迫于丙的信访又作出注销甲的宅基证的决定，于是我决定运用发问技巧来揭露乙在调查取证工作中存在的严重渎职行为，做到一战而绝后患之目的。

庭审中，我要求对被告发问，设计的发问问题有四五十个，但法官只允许发问三至五个，或者提交发问清单让被告庭后回复。于是我启动回避事项，法官执意推进庭审。

庭后，我和当事人充分沟通后决定撤回回避申请。法官助理打电话问我是否要求再组织一次庭审，我说不需要了；法官助理又问我是否要求被告庭后答复，我说由合议庭来决定吧。

诉讼，最好是一切解决在庭审中，而不是法庭之外。庭后回复，离开法庭的发问，就是一场开卷考试，所谓庭后的回复并不是你想要的答案。我收到被告庭后的回复感觉这种发问是十分失败的。

下面是我就被告是否全面调查和收集证据设计的部分内容以及被告的庭后回复：

1. 2003年、2019年，曾作出撤销或者注销案涉宅基证使用权证，这次是第三次，对吗？

答：该事实已在之前的诉讼中多次提及。不再赘述。

2. 你局是否已全面收集证据？

答：需要收集的证据已收集。

3. 你局是否调取（200×）×行初字第××号档案材料？

答：这个问题与本案无关。

4. 你局是否调取（200×）×行终字第×号档案材料？

答：同问题3。

5. ×国土资复决字【200×】第×号行政复议决定书，你局是否知道该文件？

答：知悉。

6. 你局是否向王某某本人进行调查？

答：在之前的诉讼过程中，王某某的证人证言与魏某某本人在之前诉讼中的陈述不一致，应当结合魏某某本人的陈述等事实认定其真实性，无须再调查。

7. 你局是否向徐某某本人进行调查？

答：同问题6。

8. 你局是否向毕某某本人进行调查？

答：同问题6。

9. ××年元月××人民政府答辩状的内容是否了解？

答：了解。

被告对其他问题的回答基本相同。我设计的这些问题，大部分是明知故问，有些人可能认为把问题说清楚就行了，还有必要发问吗？这种认识是错误的，通过你自己说出来的是法律意见，而通过一问一答方式呈现出来的是案件事实。这种明知故问的发问效果，只有在庭审中才能呈现出来。

这个案子如我所料，原告胜诉了。当你不能确保案件胜诉的情况下，一定要慎重考虑庭后回复的这种方法。要想取得好的发问效果：（1）不能泄题，也就是不能向法庭提交发问清单；（2）要采取一问一答的方式，不给被询问人过多的思考空间；（3）一切解决在法庭上，如果对方当事人不出庭，其代理人不清楚，请求法庭当庭核实；（4）对于出现的限制发问情形，要做好回避预案。

第七章

庭审发问的基本原理与技能（二）

——庭审是最有趣最精彩的环节

发问就是以看得见摸得着的方式，向法庭呈现案件事实，这是庭审中最难也是最精彩的环节，这犹如对抗激烈的拳击赛，即使不懂拳击的观众也能从中预判比赛结果。那么庭审发问有没有技巧，我相信一定会有，但那都是事后的总结、归纳，在庭审发问时，你不会想起运用什么发问技巧，连续的发问，只是行云流水般的自然。只要有发问意识就好，这比刻意学习发问技能更重要。

第一节　无数个"不清楚""不回答"意味着真相

在当事人相互发问时，有些当事人面对不好回答的问题，往往会以记不清了、想不起来了、与本案无关等理由避而不答，大多数情况下法官不依据当事人请求催告其回答。不过，没有关系，你发问的问题就意味着答案，无数个"不清楚""不回答"意味着真相，足以实现发问的目的，影响法官的内心确信。

在原告赵某诉被告刘某、第三人林某和孙某债权转让合同纠纷一案中，我就采取这种战略战术。

刘某和林某、孙某之间不存在借款合同法律关系，但双方之间有银行转账记录，为达到目的，于是赵某、林某、孙某之间进行恶意串通，虚构林某、孙某与刘某存在借款的事实和借款法律关系，然后签订虚假的债权转让协议，赵某以债权受让人的身份提起本案诉讼。

赵某曾向刘某借款本金500万元，刘某向法院提起诉讼，然后双方达成调解。赵某提起本案虚假诉讼的目的就是抵消其欠刘某的借款本息。

一审法院驳回赵某的起诉后，赵某并未上诉。然后，赵某又以甲公司名义提起损害公司利益责任纠纷一案，刘某是被告，赵某、孙甲、林某、于某等八人系第三人，一审经审委会讨论通过驳回甲公司的诉讼请求。两起案件均组织五次庭审，经我方申请回避更换四名主审法官。事实上，这两起案件均涉嫌虚假诉讼。

被代：你与林某何时认识的。

原：十几年的朋友了。

被代：林某做什么工作。

原：个体，公司名称记不清。

被代：你与林某签订债权转让协议的过程怎样？

原：在××管业，只有我与林某两个人，记不清上午下午。

被代：协议是谁起草的？

原：我与林某协商起草。

被代：你与林某协商债权转让从什么时候开始？

原：记不清。

被代：林某打印银行流水的时间是2021年8月25日，是不是你让他打印的流水？

原：记不清，应该是。

被代：2021年8月25日你与林某已经协商债权转让了，是吗？

原：记不清。

被代：林某何时把银行流水交给你的？

原：记不清。

被代：债权转让协议中记载林某向被告出借150万元是你介绍的吗？

原：是的。

被代：当时被告有无向林某出具借条或签署借款协议？

原：记不清。

被代：林某有无要求你作为保证人？

原：记不清了。

被代：后来被告给林某有无出具借条或对账？

原：记不清。

被代：林某有无向被告要过借款？

原：记不清。

被代：你与林某签署债权转让协议时，林某有无向你提供林某与被告的借条?

原：记不清。

被代：林某有无向你提供录音等证明借款事实存在的证据?

原：记不清。

被代：你能不能确定被告与林某之间存在借款合同关系?

原：能确定。

被代：你与被告是否系朋友关系。

原：是的。

被代：林某称被告欠其150万元，林某有无委托你向被告追偿债务?

原：记不清。

被代：林某将150万元债权是无偿转让给你的吗?

原：其他业务抵顶。具体业务不方便向被告说。

被代：债权转让协议中为什么不记载债务抵顶?

原：不需要记载。

被代：你与林某之间有无对账?

原：与本案无关。

原告陈述林某与被告之间存在借贷关系，林某将债权转让给原告，但事实上林某与被告并不认识，双方并不存在借贷法律关系，原告虚假陈述，捏造林某与被告之间存在借贷法律关系。

我针对林某与被告之间的借贷经过以及债权转让协议的签订过程对原告展开发问，尽管原告选择性记不清，但可以证实刘某与林某之间并不存在借贷关系。孙某与林某都是第三人，情况基本上相同，但有一点区别就是孙某与刘某认识。接下来，我向原告发问同样的问题，但原告依然以记不清为由拒绝回答。从发问技巧来说，这也是重复性发问。

被代：你与孙某签订债权转让协议的过程是怎样的？

原：时间记不清了，在孙某办公室签的，可能在中午前后。只有我与孙某在场，双方协商起草。

被代：林某与孙某协议哪个在前？

原：记不清。

被代：两份协议内容为什么除了名字借款数额其他内容完全一致？

原：我与林某、孙某协商后产生的协议。

被代：债权转让协议书打印好双方签字，还是协商之后再打印签字？

原：记不清。

被代：债权转让中记载孙某向被告出借款项640万元，你怎么知道的？

原：不回答。被告自己很清楚。

被代：你与孙某商议债权转让是什么时间？

原：记不清。

被代：孙某在2021年6月8日打印银行卡明细，是你让他打印的吗？

原：记不清。

被代：孙某打印的流水何时交给你的？

原：记不清。

被代：签订协议时，孙某有无向你提供被告向孙某出具的借款合同？

原：记不清。

被代：有没有提供其他证据材料，录音或聊天记录证明借款存在？

原：记不清。

被代：你怎么确定被告与孙某之间存在借款合同关系？

原：记不清。

被代：你有没有听被告说过欠孙某钱？

原：听说过，非常清楚。

被代：孙某将640万元债权无偿转让给你吗？

原：有其他业务抵顶。

被代：你与孙某之间的业务有无对账清单？

原：个人都有自己记账，没有具体对账。

被代：640万元是否是等额抵顶？

原：先抵顶640万元。

被代：为什么不在债权转让协议载明？

原：没有必要。

被代：你与第三人签订债权转让协议是为了抵消你欠被告的500万元本金及利息吗？

原：是的。

在发问过程中，赵某始终对我有敌意，在回答问题时眼神中充满着愤怒。当愤怒的火焰占据他的内心时，用谎言编织的防御体系就会崩溃。于是，我抓住时机问他“签订债权转让的目的是抵消其欠被告的500万元本金和利息吗”，这时他脱口而出，彻底暴露他起诉的动机和目的。前面设计的许多发问问题，除了实现其他证明目的外，就是为了这个核心问题进行铺垫、掩护，然后乘其不备，问出真相。

后来，我复印了这个案件的全部卷宗材料。发现主审法官在这个问题下面用波浪线和三角号进行标注，显然这个问题对法官内心确信影响是决定性的。

在这个案件中，林某、孙某均未出庭，但在另一起损害公司利益责任纠纷一案中出庭。赵某与林某、孙某是否属于恶意串通捏造虚假案件事实，从我对林某发问情况一看便知。

被告：在×××号案件当中，你是案件第三人对吗？

林：对。

被告：当时你委托律师，你的律师代表你的意思对吗？

林：对。

被告：你和赵某签订的债权转让协议是真实的吗？

林：是真实的。

被告：你和赵某签的债权转让协议内容真实吗？

林：是的。

被告：也就是说被告向你借款150万元，然后你把这个债权转让给了赵某，这个债权转让属实吗？

林：是于某某和赵某某一块找到了我，说有个项目需要投钱。

被告：你于2018年5月17日、11月14日分别向刘某出借借款本金100万元、50万元，然后你对刘某享有的债权转让给赵某，这个属实吗？

林：就是他俩向我借钱投入公司。

被告：你与被告刘某认识吗？

林：不认识刘某。

被告：既然你不认识，为什么在另案×××号案件中你说你和被告刘某之间是借贷关系？

林：就是借给了赵某和于某的。

被告：我宣读一下2021年11月1日一个林某的情况说明（内容略），这属实吗？

林：我没有借给刘某，借给了于某和赵某，他们用于项目上的。

被告：你本人和刘某是否存在借贷关系？

林：我不认识他，怎么可能存在借贷关系呢？

被告：既然你和刘某之间没有借贷关系。为什么要和赵某签订债权转让协议？

林：赵某、于某说要投入项目，我和于某有借贷关系。

被告：债权转让协议是谁起草的？

林：赵某起草的，他找的我。

被告：当时签订协议的时候都谁在场？

林：赵某。

被告：你对债权转让协议的内容当时核实了吗？

林：核实过。

被告：你把150万元转让给赵某，赵某会给你什么好处？

林：还我钱，就是赵某还我钱，他们拉的项目。

被告：你的意思是说，赵某通过这种债权转让的形式要了钱再给你，是这意思吗？

林：就是他和于某问我借的钱投入项目，我不管是什么性质，我只是要求追回我的借款。

……

从发问情况来看，可以证实林某与刘某不认识，不存在民间借贷关系，案件是赵某一手策划的虚假诉讼案件。尽管一审法院驳回赵某的起诉，但十分遗憾并没追究其虚假诉讼行为的法律责任。

第二节　我们可以靠点数取胜

韩信点兵，多多益善。在法庭上，我们为了戳穿对方当事人的谎言，也可以采取这个战术，一个、几个发问问题达不到目的，那么就集合几十个、上百个问题，消磨被询问人的意志，让其防不胜防，从而实现最终的胜利。

这好比拳击比赛——虽然我们不能一拳打倒他，但可以靠点数取胜。

在法庭上，针对一名当事人发问上百个问题，我相信有部分律师会心生畏惧，法官能让问这么多吗？还有部分律师会认为这么做没有必要。我认为诉讼的逻辑并不是把观点、事实说清楚就完成己方的任务，而是要把事实以看得见摸得着的方式展现在法庭上，让法官不敢、不能、不想判错案，从而预防司法腐败，实现个案公正。

在本章第一节提到这起损害公司利益责任纠纷案件中，我针对原告、八名第三人设计的问题多达五百多个。根据庭审情况，因部分第三人未到庭以及其他情况，我没有详细统计庭审笔录记载的发问问题的数量，但共计有三百多个。

为了更清楚，我还是做三点说明：（1）针对同一笔款，原告有三个版本：借款、投资款和居间费；（2）赵某主张借款，法院裁定驳回起诉，然后甲公司又主张投资款；（3）甲公司在本案一审法庭辩论阶段和二审又主张不当得利。

那么，如何安排针对原告和八名第三人发问顺序？我经过慎重考虑，首先选择最难对付的孙某进行发问，然后再对孙甲进行发问。在第一节提到的孙某与本节提到的孙甲是亲兄弟。当我对孙甲进行发问时，孙甲已经预料到我想问什么问题了，从一开始情绪都比较焦虑，显然这种发问顺序的安排有很好的效果。

在本案中设计的问题比较多，应当按照什么逻辑顺序和结构来组织发问，这的确是值得思考和探索的问题。在设计发问提纲时我引入法庭拼图来帮助记忆，经过实践的确很好用。比如说，孙甲为了证明案涉款项是投资款，原告和孙甲提交银行流水、证人证言、股东会决议等，每一份证据就是一块拼图，我就他们提交的每一份证据或者每一个事实看作一块法庭拼图，针对他的每一块法庭拼图设计发问问题，然后击碎它们，于我来说最后就是形成证明我方抗辩主张的一个圆圈，这个圆也是一张完美的法庭拼图。

法庭拼图一：针对×××号案件

被代：针对另案×××号案件，我问你几个问题？

孙甲：我没有参与该案件的过程。

被代：对另案×××号案件了解吗？

孙甲：不知道。

被代：你知道赵某起诉吗？

孙甲：不知道。

被代：在另案×××号案件中，孙乙是第三人知道吗？

孙甲：不知道。

被代：我刚才宣读的孙乙的情况说明，你有异议吗？

孙甲：不知道。

被代：他说的内容情况说明内容属实吗？

孙甲：不知道。

被代：孙乙说本案的其中有540万元是被代向孙乙的借款，你认可吗？

孙甲：不认可，是投资款，我是受被告安排在工地上干活。

被代：孙乙将包括本案中的540万元转让给赵某，你清楚吗？

孙甲：不知道。

被代：孙乙将本案中的540万元转让给赵某，是否损害你的利益或者公司的利益？

孙甲：不清楚，我只是追索被告540万元和160万元现金。

孙甲与孙某是亲兄弟，孙某在另案中是第三人。孙甲应当知道另案的情况，却说不清楚、不知道，这没有关系，并不影响我继续发问的心情。

法庭拼图二：针对2023年1月17日出具的情况说明

被代：你说一下2023年1月17日。你出具的这份情况说明经过，在什么地点出具的？

孙甲：忘记了。既然是我出具的就是我真实的意思，至于具体经过忘记了。

被代：原告什么时候开始准备起诉的？

孙甲：起诉的事情我知道，我就是接到法庭的通知和律师通知就来了。

被代：起诉的事情股东是否开会？

孙甲：开过，具体时间忘记了。

被代：这个情况说明谁起草的？

孙甲：忘记了。

被代：是你自己打印的吗？

孙甲：忘记了。但是内容和签字属实。

被代：签完字后交给谁了？

孙甲：交给了律师。

被代：这份证明是否是律师给你打印出来的？

孙甲：忘记了，也许是在半路上。因时间太长了。款项属实都有打款记录。

被代：你的这份情况说明与孙某、于某、刘某等人证明或者情况说明是不是同一时间形成的？

孙甲：都忘了。

被代：在起诉之前或者起诉之后你们几个第三人有没有聚在一起研究这个案子。

孙甲：不知道。都不知道其他第三人的居住地。

原告起诉时，提交了第三人的情况说明或者证明，就同一笔款项又作出不同的说明。我针对孙甲出具的情况说明展开发问，拟证实孙甲与原告、其他第三人恶意串通出具虚假情况说明，并且很可能有法律专业人士参与，但孙甲并不配合发问。有时对我进行反问：“你知道几年前吃过什么饭吗？”我很淡定地说：“你怎么回答都没有关系。”事实上，他想通过激怒我让我停止发问，但我对这种情况见得多了。

法庭拼图三：针对2023年1月17日出具情况说明的具体内容，事实上这里面涉及多个小拼图

被代：你是2018年10月19日成为公司股东的吗？

孙甲：是的。

被代：2018年6月27日孙某称受你的安排汇给被告20万元，是否属实？你不是股东，怎么能给公司出资呢？

孙甲：我是公司的工作人员，被告说能够拿下来这个项目，这个项目需要一两年的时间。

被代：公司是否给你发放工资吗？

孙甲：发放工资。

被代：签劳动合同吗？

孙甲：无合同。

被代：这20万元你说是作为向公司投资的，公司有没有给你出具证明？

孙甲：没有出具证明。

被代：你与被告和原告公司之间有无签订投资合作协议？这20万元是用于哪个项目？

孙甲：没有签订协议，之前不叫××学校。就是指了指位置。

被代：我是说2018年6月27日有几个合作人？

孙甲：于某、被告、徐某，6月27日公司名义上是郭某，实际上被告负责的，2018年6月27日的事宜记不清楚了。

被代：2018年6月27日之前有无签订合作协议？

孙甲：没有。

被代：2018年7月9日，原告公司有一人股股东变为3人股东，公司对你的20万元款项有无进行确认？

孙甲：忘记了。也没有开具收据，也没有开具股金证明。

被代：在2018年6月27日都开始合作了，在2018年7月9日，这一次股东变更的时候，为什么没有你？

孙甲：我跟着被告，被告让我干着安全工作，咱们俩要是都担任的话不方便。

被代：2018年10月19日。你成为公司股东，对于20万元有没有进行股东会确认？

孙甲：忘记了。

被代：2018年8月10日。孙某称根据你的安排转给了被告200万元，这是什么性质的款项？

孙甲：我让他作为投资款。

被代：这200万元是孙某的自有资金，还是说你们之间有其他关系？

孙甲：我们家庭的自有资金。

被代：对于这200万元，原告公司有没有给你出具证明或者股金证明？

孙甲：口头上知道，无书面证明。

被代：没有开股东会进行确认吗？

孙甲：忘记了。540万元后期的几笔款项都是我安排孙某转给被告的，用于项目的建设。

被代：你向被告转款时于某、徐某是否知情？

孙甲：他们不一定知道，被告让我们怎么转款我们就怎么转款。

被代：在这个时候，你和公司有没有签书面的合作协议？

孙甲：没有。

被代：你说作为公司投资，你们之间的权利和义务是怎么约定的？

孙甲：早已忘记了，都是根据被告说的，不会亏待我们投资人，用于项目建设，公家项目，不可能亏钱，应该让被告本人出庭作证。

被代：在你成为股东之前，你自己承认出资了220万元，那么在签订股权转让协议的时候，为什么显示是0元转让？

孙甲：就是赠送给你，别的不清楚。

被代：你成为股东的时候，其他股东有没有对你的出资进行确认？2018年10月16日签订股权转让协议，变更登记是10月19日？

孙甲：口头上都知道，无书面证明。

被代：于某称2018年5月17日出资100万，你是否清楚？

孙甲：不清楚，应该问于某。

被代：2018年10月18日，孙乙称受你委托，让刘某给被告转款40万元，公司是否给你出具证明？股东会是否进行确认。

孙甲：没有。只有打款凭证。

被代：2019年2月1日、2019年2月28日，你安排孙某以及于某向被告转款100万、180万元，和刚才我问你的问题，你的回答一样，是吧？

孙甲：是的。

被代：你在情况说明中称一共给了被告700万，包括160万现金。你说一下你分别向甲公司和原告公司出资多少？

孙甲：注册资金和出资款不是一回事。这700万元全是用于原告公司，我出具的证明内容属实。

被代：既然和甲公司没关系，为什么在情况说明中这要注明你是两个公司股东？

孙甲：两个公司的股东是一样，有些项目需要提供材料，就提了一嘴。

被代：你陈述将700万元投到了原告公司了。原告公司财务上有没有记载这些费用？

孙甲：忘记了。

被代：截止到2023年1月17日，股东之间对你们出资情况有没有召开股东会进行确认？

孙甲：忘记了。

被代：你们对公司有认缴期限和出资期限。每次出资的时候是根据什么标准、要求出资的？

孙甲：拒绝回答该问题。

被代：你说王某是代被告持股股权，他们之间有没有书面的代持协议？

孙甲：不知道，我们公司人员都知道王某代被告持股。

被代：我再问你，被告2018年10月16日转让股权后，有没有在公司财务经营管理这方面文件上签字？

孙甲：忘记了。

孙甲主张是对原告公司投资款，但其与公司、被告没有签订任何投资合作协议，也没有召开股东会进行确认，并且对其他股东投资情况不清楚，其主张是投资款显然不符合常理。我针对每一笔款项采取重复性发问方式，公司有没有出具证明、与被告和公司是否签订合作协议、合伙人是否知情、有无召开股东会等，当孙甲均按照我预想的方向回答“没有”，那么针对2019年2月1日、2019年2月28日这两笔款，我就不再重复，涉及一个诱导性问题，“和刚才我问你的问题，你的回答一样，是吧”，孙甲惯性地回答：“是的。”从上面发问内容来看，孙甲对我发问的问题存在抢答的情形，这也是情绪焦虑的一种表现。

法庭拼图四：2023年2月15日股东会决议

被代：你说一下2023年2月15日，股东会决议形成过程？

孙甲：忘记了。

被代：都是谁参加的？

孙甲：忘记了。

被代：这份协议是起草的？

孙甲：忘了。

被代：有无通知？

孙甲：忘了。

被代：原告除了承接××小学，还承接其他项目吗？

孙甲：没有。

被代：原告是在2023年1月18日向法院提起诉讼，2月15日在开股东会决议，决定聘请律师依法追诉，你觉得还有必要吗？

孙甲：我们认为肯定有必要聘请律师把我们的钱追索回来。

被代：开股东会的时候有没有通知王某？

孙甲：忘了，不知道。

被代：原告公司，你的认缴额是250万，在股东会决议显示，7320017.16元，你怎么解释？

孙甲：投资款和注册资金是两回事。

被代：徐某也显示出资，他是怎么出资的？

孙甲：不清楚。

被代：股东会决议显示你、于某、徐某出资的具体数额是怎么算出来的？

孙甲：不知道其他人怎么算的。

被代：也就是其他股东跟你没关系，还是忘了？

孙甲：不知道其他人的情况。

被代（孙甲情绪比较激动，与我发生争吵）：审判长，请求法庭对孙甲的态度进行警告。

审判长：你就认真回答问题就行了。

从第三节对于某发问的内容来看，这份股东会决议是赵某拿着让于某签字的，签字前并不知道该决议内容，显然是赵某伙同原告伪造的这份证据。孙甲“不清楚”“忘了”来回答，足以证实案涉款项不是投资款。

法庭拼图五：有关项目情况

被代：××小学就是这个项目什么时候结束的？

孙：具体时间记不清楚了，正式是2020年6月10日，在2019年8月27日曾经对学生家长开放。

被代：你们股东之间对这个项目的利润有没有进行算账？

孙甲：忘了。

被代：赵某与原告是什么关系？

孙甲：不清楚。

被代：赵某参与这个项目的管理吗？

孙甲：参与。

被代：赵某是以什么方式参与的，比如说是隐名股东或者和你们其他的股东是合伙。用什么方式参加的？

孙甲：不清楚。

被代：赵某是分红还是领工资？

孙甲：不清楚。

被代：2023年2月15日以前，股东之间有没有对这个项目进行对账？

孙甲：忘了。

被代：分红了吗？

孙甲：没有，钱都没有要回来，怎么分红。

被代：股东会决议说审计后给股东出具股金证明。那么从股东会决议作出之后到现在8个多月了。你们之间有没有审计结果？

孙甲：没有结果。

被代：进入审计了吗？

孙甲：我不负责，不清楚。

被代：原告诉称被告侵占公司资金，你是从什么时候知道的？

孙甲：2019年春节前后。从我这里安排了700万元，于某是安排了350万元。

被代：有没有报过警？

孙甲：没有报警。

被代：你从2019年春节前后就知道被告侵占公司资金，那么最早商量方案如何处理这个事情，是什么时候？

孙甲：忘了。

被代：你对原告提的证据，在上次庭审中说你没有异议，对吗？

孙甲：对的。

被代：也包括2018年5月17日赵某发给被告的股东会决议，都没有异议是吧？

孙甲：忘了。

原代（原告律师意识到这个问题的严重性，可以彻底摧垮整个证据体系）：这存在误导行为，没有提供这份股东会决议，前期质证的过程中，我们已经非常明确地说明，该股东会决议我们不作为证据提交。

被代：我说一下，我在发问的时候，请原告代理人尽量不要打断。什么叫诱导性发问？你提交的证据人家第三人和被告都可以提出质证意见。

原告：刚才我们已经说了不作为证据提供。

被代：涉案款项有三个版本，一是借款，二是投资款，三是介绍费。你认为哪一个属实？

孙甲：投资款。

孙甲在核对笔录时将“不清楚”修改为“投资款”，庭审有录像，当时孙甲明确回答“不清楚”。于是我在庭审笔录中备注：其修改无效，我提出异议，然后签字。在被询问人情绪长时间处于失控状态时，最容易说出事实真相，或者作出于其不利的回答，这个时候可以大胆地抛出一个炸弹，往往会问出精彩。

根据对孙甲的发问，结合于某的发问，可以说明以下问题：孙甲、于某称向原告公司出资，与公司并没有签订任何书面的投资协议，与合作人之间亦没有书面协议，事后公司和股东之间亦未进行确认、对账，且孙甲、于某、许某之间如何出资、出资数额并没有开股东会商议，彼此之间的出资情况并不清楚，所谓的于2023年2月15日形成的股东会决议也是虚假的。当时我问孙甲：“涉案款项有三个版本，你认为哪一个是真实的？”孙甲明确回答：“不清楚。”由此可见，原告主张案涉款项是投资款是虚构的事实，涉嫌虚假诉讼。

第三节　如何对违心说谎者发问

当事人是裁判结果的直接承担者或者有一定的利害关系，那么在诉讼中不同程度的说谎是比较普遍的。因此对说谎者如何发问，没有任何一种成熟的发问技巧可以应对这种，唯有全面了解当事人的个人情况以及有可能作出的证言进行预判，这是庭审发问成功的基础。

具体到本案，于某在赵某的指示下出具虚假的情况说明以及在虚假的股东会决议上签字，他是违心的。从整个庭审情况来看，于某是一个诚实的人。那么，对这种违心说谎者发问是最轻松的，但也需要发问技巧。我在设计对多名被询问人发问顺序时做了精心安排，对于某的发问放在第五位，于是发问效果就完全达到了。

法庭拼图一：关于×××号案件

被代：你了解×××号案件吗?

于：不了解。

被代：林某是×××号案件中第三人，你清楚吗?

于：不清楚。

被代：林某、王某在×××号案件中，曾经作出过证明内容你清楚吗?

于：不清楚。

被代：林某是向你出借资金了，对吗？

于：是我向林某借的钱，也没有利息，也没有偿还他的借款。

被代：林某在2021年10月1日出具过一份情况说明，我刚才已经宣读了。这个属实吗。

于：不知道。

被代：其中涉案的150万元，林某在另外一个案子当中说，是刘某借他的款，这属实吗？

于：赵某安排我打款，我就安排林某打款，都有流水。

通过对×××号案件的简单发问，可以证实林某在另案中陈述与刘某之间存在民间借贷法律关系是虚假的，林某与赵某签订债权转让协议是伪造的证据，×××号案件涉嫌虚假诉讼。尽管于某不是×××号案件的当事人，但通过对×××号案件简单事实的确认，看似不痛不痒，打击力度比较小，但会在其内心种下一颗恐惧、焦虑的种子，有利于揭露事实真相。

法庭拼图二：关于2023年元月17日证明的形成过程

被代：2023年1月17日你出具了一份证明。你能说一下这份证明形成的过程吗？

于：赵某找的我出具证明。

被代：内容是谁起草的？

于：不清楚。

被代：是你自己起草的吗？

于：不清楚，我不会打字。

被代：也就是说证明的内容不是你起草的？

于：记不清楚了。

被代：在什么地方签了这个字？

于：赵某拿着证明在我家中签的字。

被代：赵某在起草这份证明的时候，和你电话沟通内容了吗？

于：没有。

被代：也就是说赵某拿着这个证明，直接就让你在家签字吗？

于：就是赵某让我签字我就签字了。

被代：在签字之前，你没有看到这个证明，对吗？

于：记不清楚了。

被代：肯定不是在你家打印的对吗？

于：不是。

被代：你什么时候知道原告起诉？

于：不清楚。

我设计的一个问题，属于开放性的问题。如果被询问人文化层次比较低或者不善言谈，那么其很难就证明形成过程做完整陈述，仍然需要你引导被询问人陈述。于某针对第一个问题回答：“赵某找的我出具证明。”这在意料之中，因为这份证明是赵某策划的；然而，又出乎我的意料，因为于某第一个回合就直接承认了这一事实。为了进一步揭露该证明是赵某伪造的，也就是说赵某提前打印好的，然后让其签字按手印，于某对情况说明的内容并不清楚，只是按照赵某的指示去做。接着，我就这份证明是谁起草的事实展开发问。于某不清楚是谁起草的，这很正常，因为于某与被告有直接的利益冲突，不可能完全按照我的发问意图回答，于某连是不是自己起草的都不清楚，足以说明这一点。然后，我就在签字前有无沟通、在什么地方签字以及家里有无打印机等，步步紧逼，彻底证明这份证明就是赵某伪造的，而于某连证明内容都不清楚的情况下就签字按手印。

顾名思义，重复性发问就是反复提问同一个问题。针对不同情况，提问的方式可以不断变换，而提问的内容不变。对于顽固的当事人或者证人，不愿意回答律师的发问，或者不肯如实全部地回答，就可以一而再、再而三地反复提出这个问题让他回答。在法庭上，当事人或者证人会产生很大的精神压力，在不断施压下，会让其尴尬，突破心理防线。

在本案中通过重复性发问可以证实，于某于2023年1月17日出具的情况说明是赵某提前打印好的，然后让其签字按手印，于某对情况说明的内容并不清楚，只是按照赵某的指示去做，显然这份情况说明是赵某等人伪造的证据。

法庭拼图三：资金状况

被代：你上次说你替你弟弟代持股权?

于：是我弟弟介绍赵某跟我认识干这个项目，其他的跟我弟弟无关，我弟弟退休。我就是农民。

被代：你的收入怎样?

于：就是100来块钱。

被代：你一个月一百多块钱。是农民。那林某怎么敢把这350万元借给你?

于：我之前是干幼儿园的，一年收入是2至3万元。

于某自称是农民，一个月收入100来块钱，即使之前干过幼儿园属实，一年收入是2至3万元，林某借给他350万元干涉案项目，且没有约定任何利息。自诉案涉350万元款项是其向公司投资款，或者缴纳的注册资金，是不符合常识的。于某是原告公司股东，本案裁判结果与其有利害关系。相信在庭前原告对于某进行过辅导，甚至与其他第三人也有过详细沟通，但于某并不知道我要发问什么问题，正是因为其自身职业、文化程度等情况，他才会说出更多的真相。

法庭拼图四：关于2023年元月17日证明的主要内容，这里面包括很多小拼图

被代：你还记得你什么时候成为公司股东了吗？

于：不记得了。

被代：工商登记显示。你是2018年7月9日成为原告公司股东的，你有异议吗？

于：无异议。

被代：2018年5月17日，王某某汇给被告100万元，这个时候你还不是公司股东，对吗？

于：不清楚。

被代：是你安排的？

于：我就安排林某打款，其他也没有参与公司经营，不清楚。

被代：公司给你出具证明了吗？

于：没有。

被代：有没有开过股东会对你的投资情况进行确认？

于：没有开过会。

被代：孙某向公司的投资情况，你清楚吗？

于：不知道。

在2023年5月17日，于某还没有成为原告公司股东，公司并没有进行确认，在2018年7月9日于某成为公司股东后，公司并没有给其出具证明，也未经过股东会研究确认，显然于某称这笔款项是作为公司投资款是虚假的。

法庭拼图五：2023年2月15日股东会决议

被代：2023年2月15日股东会决议，是你本人签的字吗？

于：是我本人签字。

被代：当时都谁参加了？

于：记不清楚了。

被代：谁起草的？

于：记不清楚了。

被代：在哪里签的？

于：赵某拿着股东会决议来我家签订的。

被代：你认识张某某？

于：不认识。

被代：在你签字的时候，他们两个签字了吗？谁先签字，你们三个人？

于：他们先签的字，后赵某拿着让我签字。

被代：当时你签字的时候，股东会决议有几个人签字？你可以看看你的签字的顺序。

于：就是在有空的地方签字，不能代表我就是第二个签字的。

被代：对于股东会决议内容你是否清楚？

于：不清楚。

被代：许某某出资多少？

于：不清楚。

被代：你出资多少知道吧？

于：350万元。

被代：孙某出资多少清楚吗？

于：不清楚。

被代：对于出资情况。你们股东之间有没有经过算账？

于：没有。

被代：你、许某、孙某、王某你们四个股东，有没有对你们出资情况开股东会研究确认？

于：没有。

被代：从开完这个股东会之后。公司有没有进入审计？

于：不清楚。

被代：你的出资款在公司财务上显示吗？

于：我只是接受赵某的指示打款，其他的不清楚。

被代：你认识许某吗？

于：不认识。

被代：你认识王某吗？

于：不认识。

被代：你认识刘某吗？

于：不认识。

被代：在股东会决议签字的时候，有没有核实这个内容的真实性？

于：核实了。

被代：你刚才说你不知道许某某、孙某某他们的出资情况，你为什么要签字？

于：忘了。

被代：你再向法庭说一下，你出资了多少？

于：350万元，我就是安排林某打款350万元，没有参与公司经营。

从于某回答来看，股东会决议内容是虚假的。在这部分发问时，我又让于某确认一下到底投资多少，回答依然是350万元，这与股东会决议记载其投资550万元相矛盾，这是违反常识的。

法庭拼图六：公司经营管理情况

被代：赵某与原告公司什么关系？

于：不知道。

被代：赵某不是原告公司的股东对吗？

于：不清楚。

被代：赵某参与公司管理吗？他以什么方式和身份参与？

于：参与公司经营，不清楚何种身份参与。

被代：这个项目的分红。你们商量过吗？

于：没有。

被代：你说一下，你分别向原告公司和××公司，分别出资了多少？

于：我只是安排林某打款350万元，至于投给哪个公司不清楚。投资比例也不清楚。针对两个公司共计投资350万元。

不管是于某的情况说明，还是2023年2月15日股东会决议，均是赵某等人伪造的证据。在本律师的反复追问下，于某只承认投资350万元，对原告公司和××公司两个公司投资比例不清楚，而股东会决议却显示于某出资550万元，显然是虚假的。另外，于某作为原告公司股东对孙某、许某等人投资情况并不清楚，且没有召开过股东会进行商议和确认，从而也可以证实孙某称向公司投资700万元亦是虚假的。

在本案中，无论对原告公司发问，还是对第三人孙某、孙甲、于某等人发问，均击碎了原告为了胜诉目的而向法庭提供的一块块大的拼图以及大拼图下的小拼图，这就形成我方抗辩主张的一个个大的圆圈，也是一块块法庭拼图，形成胜诉的九连环。

在庭审中运用的每一个庭审技能，就像是一幅拼图，要自己动手一块块儿组合起来，一块块儿案件事实的拼图完美结合，就可以赢得一起案件的胜诉，一块块儿拼图在精心的组合下，呈现给法官和当事人的就是庭审艺术。在这个大律师时代，律师群体的共同努力，必将构建一座宏大的庭审艺术殿堂。倘若本书为构建这座艺术殿堂能贡献一块拼图，这将是全体参编人员的莫大荣幸。

第四节　“我不回答原告任何问题”

在民事案件中，我为了揭露案件真相，经常向法院提出向对方当事人本人下发到庭令，因对方当事人不出庭，或者法院没有依申请下发到庭令，我会启动一系列程序性事项来影响庭审进程，包括启动回避程序。那些不敢出庭的当事人，从某种程度上来说对法律还是有一定敬畏的，因为怕谎言被揭穿于法庭上。

不过，还有一些当事人，你可能预判他不敢出庭，但是他来了，在法庭上谎话连篇，拒绝回答法官的询问或者对方的发问，我认为这种当事人已经没有了法律底线和良知底线，品行上不如那些不敢出庭的人。

这一类当事人是最难对付的，特别是法官不给力的情况下，不依职权催告其回答。面对这种情况，绝不能轻言放弃，要用无数个拒绝回答来揭示案件事实。

××县人民法院审理的一起合伙合同纠纷案件，我代理原告。被告辩称与原告不存在合伙合同法律关系，双方签订的合作协议是无效的，拒不配合合伙财产清算。在第三次庭审中，为了戳穿被告的谎言，我将主要火力放在发问上。

第一步：在法庭调查前签署诚信诉讼保证书

原代：原告和本代理人自愿签署诚信诉讼保证书，请求法庭责令被告甲和被告乙、被告乙的代理人签署诚信诉讼保证书。

被告甲和被告乙的代理人声称签署诚信诉讼保证书没有法律依据，拒绝签署，与第二次庭审时的做法一样。

审：最高人民法院关于适用《中华人民共和国民事诉讼法》的解释第一百一十条规定："人民法院认为有必要的，可以要求当事人本人到庭，就案件有关事实接受询问。在询问当事人之前，可以要求其签署保证书。保证书应当载明据实陈述，如有虚假陈述愿意接受处罚等内容。当事人应当在保证书上签名或者捺印。负有举证证明责任的当事人拒绝到庭、拒绝接受询问或者拒绝签署保证书，待证事实又欠缺其他证据证明的，人民法院对其主张的事实不予认定。"

根据本案案件情况，现在请各方当事人签署保证书。

原告：同意。

被告甲：同意。

被告乙：同意。

被告甲极其不情愿地签署了保证书，被告乙的代理人并不愿意代替被告乙签署，自己也不签署。我相信此时此刻被告甲和被告乙以及被告乙代理人心里是有压力的。

第二步：开场白

原代：在发问前声明一点，就案件事实部分要求被告被告甲本人回答，代理人不得打断、暗示、代替其回答等。

第三步：正式交锋

原代：你和原告如何认识的？

被告甲（有点不服气）：问原告就可以。原告知道我们怎么认识的。

原代：你和原告认识二十多年，你一直跟随原告打工，属实吗？

被告甲：不属实，我没有义务回答你的问题。

原代：被告，你和原告认识的时候你叫××，是吗？

被告甲：我不回答原告的任何问题。

原代：被告，你是四川人，做了山西临汾的上门女婿，对吗？

被代（此时有点情绪失控）：这个属于被告的个人隐私。

原代：因为这个问题是涉及被告乙在家庭生活经营中的主导地位，被告乙承担连带责任的主要依据。

被告甲拒绝回答我所有的发问问题，于是我就抓住他属于入赘婚姻这一点来激怒他，试探一下他能否开口说话。果然，这个问题让双方发生激烈冲突。

原代：被告甲对我进行辱骂，我请求法庭对被告进行训诫警告。

审：刚才在庭审中对原告及被告甲的不当言论已经进行了制止和训诫。

原代：2019 年，你来某某矿业公司之前和公司老板及其他高管并不认识，对吗？

被告甲：拒绝回答。

原代：2020年4月26日，原告出资10万元用于购买工人保险，对吗？

被告甲：全部拒绝回答。

原代：原告安排武某、周某购买的，这是事实，对吗？

被告甲：拒绝回答。

原代：你说这10万元是借款，这是不属实的，对吗？

被告甲：不回答。

原代：原告主张10万元是合伙事务的投资款，你没有异议，对吗？

被告甲：不回答。

原代：2020年4月5日原告与华某某签订购销协议购买办公用品，用于合伙事务，你没有异议，对吗?

被告甲：不回答。

原代：原告出资购买办公用品，你并没有出资，这是事实，对吗?

被告甲：不回答。

原代：在与某某矿业公司进行结算时，某某矿业公司将办公用品的折价款支付给你了，对吗?

被告甲：不回答。

原代：你并没有将这部分投资款返还给原告，对吗?

被告甲：不回答。

原代：2020年5月27日原告出资30万元用于发放工人工资，并不是你向原告的借款，你没有异议，对吗?

被告甲：不回答。

原代：在×××号和本案中你称该款是向原告的借款，是虚假陈述对吗?

被告甲：不回答。

原代：你和原告签订合作协议书是在2020年6月1日签订的，对不对?

被告甲：不回答。

原代：原告购买一辆白色皮卡车用于合伙事业，你没有异议，对吗?

被告甲：不回答。

原代：这辆车是原告出资的，不是你出资的，你没有异议吧?

被告甲：不回答。

原代：某某矿业公司说："当时我公司和被告甲2021年5月初做清算的时候将车一次性买断了，车归公司所有，后来公司办理了过户手续，名字原来是原告的。"你没有异议对吗?

被告甲：不回答。

原代：某某矿业公司将车款在清算时已经给你了，你不会否认吧？

被告甲：不回答。

原代：在×××号案件中你说是原告个人消费行为，为什么某某矿业公司将车款给你？

被告甲：不回答。

主审法官注意到这个问题的重要性，主动询问这个问题，被告甲在其代理人的暗示下回答“不记得了”，但主审法官并没有进一步追问。

原代：你领取车款后，为什么不返还给原告？

被告甲：不回答。

原代（把车辆所有权登记证复印件举了起来）：现在请被告确认一下车购买的时间。

被告甲：你自己购买的你不知道时间吗，这个是原告的自己的消费行为。

原代：这辆车购买时间是在2020年6月4日，签订合作协议的时间是2020年6月1日，也就是说签订合作协议后原告仍然有资金、财产的投入，这是不可否认的事实，对吗？

被告甲：不回答。

原告购买这辆车的时间是关键性信息，足以证实原告与被告在签订合作协议前已经开始合伙了，签订合作协议后原告依然有财产的投入，揭穿被告辩称合作协议并没有履行的谎言。

原代：你在答辩中称原告要挟、逼迫你签的合作协议，这是你完全捏造的事实，你没有异议吧？

被告甲：不回答。

原代：你没任何证据证实你答辩的内容，对吗？

被告甲：不回答。

原代：原告出资10万元用于购买工人商业保险，也是原告胁迫你的，对吗？

被告甲：不回答。

原代：你在×××号案件中称原告向你索贿8万元，这是你对原告的诬告陷害，你没有异议吧？

被告甲：不回答。

原代：李某是你和原告聘请的预算员，你没有异议吧？

被告甲：不回答。

原代：李某在×××号案件和本案的证言以及制作的利润表，请你最后向法庭陈述，你对此没有异议？

被告甲：不回答。

原代：被告乙并没有正式工作或者收入来源，是否属实？

被告甲：不回答。

原代：你和原告合伙承包涉案工程，你对象知道并参与了合伙事宜，对吗？

被告甲：不回答。

原代：你将合伙财产转移给了被告乙及其他人，是不是这样？

被告甲：不回答。

原代：被告乙，应当承担连带责任，你没有异议吧？

被告甲：不回答。

原代：你在处分合伙财产的时候没有征求原告本人的同意，对吗？

被告甲：不回答。

原代：某某矿业公司在×××号中所陈述，你没有异议，对吗？

被告甲：不回答。

原代：你同意按照李某提交的利润分配表作为分配利润的依据，你没有异议，对吗？请明确向法庭回答。

被告甲：不回答。

事实上，被告甲连“不回答”都懒得说，书记员主动记录“不回答”。当我发问完最后一个问题时，主审法官重复“你同意按照李某提交的利润分配表作为分配利润的依据”这个问题时，我举手反对：“审判长，不需要被告回答了。”于是，主审法官不再询问了。

被告甲明确回复不回答我方的任何发问，但是我还是坚持发问，审判长建议将发问提纲复制给书记员，然后全部记录“不回答”。庭审，就是要把案件事实解决在法庭上，而不是一场开卷考试，我拒绝这种庭审流程化的方式。在发问过程中，对于一些重要发问问题，我请求法庭催告其回答，从而让法官关注到案件事实。

在整个发问过程中，被告甲几乎都是低着头。我针对被告甲的表现把设计的所有问题变换为诱导性问题，根据法律规定不回答将导致对其不利的法律后果。面对这种当事人，一定要设计更多的问题，得出更多“不知道”的答案。

一审法院认定原告与被告甲签订的合伙合同合法有效，但以不能清算驳回原告的诉讼请求。原告一直担心合伙合同法律关系不予认定，根据我对整个案件分析法院认定合伙合同没有问题，但法院有可能以不能清算为由驳回诉讼请求，果然如我所料。

原告上诉，那么二审依然把庭审发问作为案件逆袭的关键。在一审我方提交了司法审计申请书，发问的主要目的是证明合伙合同关系成立，那么二审发问任务发生重大变化。二审法官主要是围绕即使不清算也能查明合伙财产以及合伙利润问题。

第一步：开场白

上代：在另案（原告撤诉）和本案一审，我请求法庭向被上诉人发问，其拒绝回答所有的问题，甚至拒不回答法庭的询问。今天开庭，请求审判长询问被上诉人是不是依然拒绝回答所有的问题？如拒绝回答，上诉人请求法庭向对方当事人告知拒不回答的法律后果。

审：被上诉人，你作为本案的被上诉人对上诉人发问的有关案涉事实的问题应当如实陈述，是否听清?

被上诉人：听清。

被上诉人企图拿出一审时的态度抗拒询问或者发问，在审判长反复告知后，不得不回答“听清”。发问前的铺垫，给被上诉人心理上造成一定压力，当事人之间带有私权性质的发问有了公权力的保障，才能更好实现发问效果。

第二步：庭审再次交锋

上代：你说一下合伙期间的利润是如何计算的。

被上诉人：我和上诉人不存在合伙，也没有什么利润。

审（请求审判长催告被上诉人回答）：你如实回答。

被上诉人：商业机密不便回答。甲公司给我的单价和工人工资。

上代：不存在商业机密问题，报价是上诉人让李某进行报价的、对于甲公司、双方当事人以及工人来说都不存在所谓的商业机密，请求法庭责令被上诉人本人回答问题，如不回答向其释明不回答的法律后果。

针对利润如何计算的问题，被上诉人一开始不回答，在审判长的催告一下依然以商业机密为由拒不回答，审判长多次追问下才回复“甲公司给我的单价和工人工资”。但法官并未在我的请求下继续追问或者责令其回答。

上代：第二次庭审笔录第九页法庭问你对利润的计算方式有无异议，你是否记得当时的回答。

被上诉人：不记得。

上代：请允许我宣读当时的回答。

被上诉人：是我说的。

上代：你认可利润的计算方法对吗?

被上诉人：里面还有很多的开支和支出。

上代：你说的很多的支出，包括哪些?

被上诉人：不便回答。

上代：请责令被上诉人回答问题。

上代（审判长让继续发问，没有催告被上诉人回答）：你对李某制作的利润表不认可，对吗？

被上诉人：不认可。

上代：我在一审时问，“你同意按照李某制作的利润表作为分配利润的依据，你当时回答不知道”，是不是？

被上诉人：与本案无关，我不回答。

上代：你同意按照李某制作的利润表作为分配利润的依据吗？

被上诉人：不回答。

上代：如果你不回答，依据民诉法以及司法解释的规定应承担不利后果，你是否清楚？

被上诉人（犹豫一下）：申请让代理人回答。

上代：涉及案件事实，要求本人回答。

审：被上诉人本人回答吗？

被上诉人（自称脑子不好使）：要求代理人回答。

被代：不同意按照李某制作的利润表作为分配利润的依据。

审：这是代理人的意思还是你的意思？

被上诉人：不同意按照李某制作的利润表作为分配利润的依据。

我针对上诉人制作的利润表反复向被上诉人发问，被上诉人以“脑子不好使”来求助其代理人回答，在我强烈反对下，审判长让被上诉人的代理人回答了该问题。此时我情绪比较激动，说：“我对今天的程序是有异议的，因为审判长在处理刚才的程序性问题上存在问题，但该问题会不会影响裁判结果，会不会影响到回避的问题，需要庭后进行评估再做决定。”

如果再继续下去，我要启动回避程序。也许审判长预判到下一步我要做什么，突然宣布休庭，当事人暂时回避，让双方代理人留下。审判长先批评被上诉人代理律师注意说话方式，接着善意地强调一下庭审规则、律师的职责等。然后继续开庭。

上代：你不同意按照李某制作的利润表作为分配利润的依据，那你说依据什么？

被上诉人：申请代理人回答该问题。

上代（我强烈反对）：不同意由其代理人回答。

被上诉人：我不回答。

上代：你不回答，是同意按照李某制作的利润表作为分配利润的依据？

被上诉人：不同意。

上代：你说下按照什么标准分配利润？

被上诉人：我不回答这个问题。

上代：请求法庭向被上诉人释明不回答的法律后果。

被代（未经法庭准许，然后给被上诉人解围）：被上诉人一直强调涉案项目由其独立完成，自负盈亏，因此无需向上诉人回答。

此时，我向法庭表示抗议道：刚才审判长让被上诉人的代理人进行解释是不当的，这已经实质性造成暗示被上诉人不如实回答，如果再继续让被上诉人的代理人在接下来的发问过程中进行解释，那么发问的意义就不复存在。作为审判长应当依照法律规定，指挥、组织庭审。为了在接下来的发问环节能够顺利进行，我有两点请求：（1）要求被上诉人本人回答；（2）涉及案件事实的问题不准其诉讼代理人进行解释，如果能做到这两点，上诉人就继续进行发问。

上代：你对李某制作的利润表哪里有异议，请你具体向法庭陈述。

被上诉人：我的律师已经回答过了。

审：被上诉人，在法庭上有如实陈述的义务，你对上诉人的发问如实回答，如果拒不回答或者不作出明确回答，对于相关的事实认定产生影响的话，我们会按照证据规则的有关规定给予处理，可能存在对你不利影响的情况，你是否清楚？

被上诉人：明白。

在当事人相互发问的环节，主审法官多次催告对方回答以及释明不回答的后果，在我近二十二年职业生涯中还是很少遇到的。在另一起劳务纠纷二审案件中，我发问第一个问题时，对方当事人明确表示不回答，主审法官主动说必须回答；当我问第二个问题时，对方当事人请示主审法官是否可以不回答，得到同样的回复“必须回答”，于是整个庭审发问环节对方当事人非常配合。

针对利润表记载的事项，我又反复进行发问，被上诉人均以“不回答”“与本案无关，我不愿意回答”“和你无关”等，因为审判长已经释明了不回答的法律后果，我也不再针对每一个问题请求法庭责令其回答。于是，我就以“你同意按照李某制作的利润表作为分配利润的依据”来结束了发问。

第五节　如何当庭戳穿谎言

在民事庭审中，当事人本人不出庭主要有两个原因：（1）有正当理由；（2）作为一种诉讼策略。一些律师不让当事人出庭，无非就是怕当事人当庭陈述于己不利，特别是面对法官的质询和来自对方的发问，那么作为律师自认为可以灵活应对庭审，面对诘问，有些回复庭后核实，有些编造谎言。

如果对方当事人不出庭，对方律师编造谎言，那么该如何应对呢?

有些法官会主动要求对方代理人当庭给当事人打电话核实，当然作为律师也可以提起该项请求，这也是当庭戳穿谎言的重要方法。

在一起提供劳务者受害责任纠纷二审案件中，我运用这一方法当庭戳穿对方律师的谎言。

被上诉人提交一组证据证明：残疾赔偿金、被扶养人生活费等费用均应按照被上诉人经常居住地城镇居民人均可支配收入和城镇居民人均消费性支出标准计算。

被上诉人的户籍地在浙江，其打工受伤地在山东。于是，我提出异议，

被上诉人是在非户籍所在地工作，那么受伤所在地与工作地均是在山东，那么在计算伤残赔偿金等费用时应当按照山东省的标准，如果被上诉人是在山东发生的交通事故，工作地与户籍地均是在浙江，在这种情况下适用浙江省的标准是公平合理的。

主审法官关注到这个问题，于是询问被上诉人代理人以下几个问题：

审：下面法庭调查几个问题。

审：被上诉人，温某在刘某处是工作了三天发生了事故对吗。

被代：5月初去的工作现场，5月8日发生的损害事故。

审：温某在刘某处提供劳务之前是在哪里居住和工作。

被代：在浙江居住和工作。

审：从事什么工作？

被上诉人代理人只回答在户籍所在地打工，没有说出具体的工作性质。这个时候，我请求法庭责令被代当庭给温某打电话核实，并使用免提方式，主审法官同意我的请求。被上诉人代理人核实何时工作何时受伤这个问题后，第二个问题居住和工作地的问题，被上诉人代理人意识到当事人的回答有可能对其不利，于是想采取诱导方式，刚蹦出两个字，我马上提出反对。被上诉人代理人不得不按照法官询问的第二个问题向温某核实，真相就这样展现在法庭上。

被代：甘肃金昌从事采矿打钻的工作。

审：刚才你的陈述是否属实。

被代：属实。

审：如被上诉人做虚假陈述，需要承担法律责任。

被代：清楚。

我在庭前已申请法院责令温某本人到庭令，但并没有得到支持，正是因为这个原因第一次庭审没有开成。这是第二次庭审，温某本人依然没有到庭，我仅仅是提出异议，依然配合庭审进程。退而求其次，可以采取上述办法进行发问或者请求法庭核实。

第六节　不放过对第三人答辩意见的发问

在民事案件中，法院判决一般不会判决无独立请求权的第三人承担法律责任。那么在二审中，第三人的诉讼地位是原审第三人，原审第三人在二审庭审中往往没有心理压力，似乎上诉人与被上诉人之间的诉讼与其无关，在答辩时往往会说对一审判决没有意见，但这样回答会损害上诉人或者被上诉人的诉讼利益。

因此，作为上诉人或者被上诉人要针对原审第三人这种答辩意见，及时展开发问，绝不能放过机会。

在原告甲诉被告乙、丙、第三人丁民间借贷纠纷二审案件中，我就遇到这种情况，及时对原审第三人发问。

基本案情：甲分多次按照乙、丙的指示汇给丁以及其他人的银行卡1350万元，乙和丙曾经是夫妻关系，另外甲与乙、丙还发生其他多笔借款，银行流水较多，案情复杂。一审法院认定，本案当事人提交的证据不足以证明合同二当事人之间存在真实、合法的民间借贷关系，甲要求乙、丙偿还借款12038000元等诉讼请求，一审法院不予支持。双方之间的往来账目，权利人可依据真实的法律关系主张权利。一审判决驳回甲的全部诉讼请求。

我接受甲的委托作为其二审诉讼代理人。

在庭审中，丁本人出庭，没有委托代理人，他在答辩时称对一审判决没有意见，显然这种答辩意见损害了甲的诉讼利益，并且有可能使其承担不利后果，这个时候我有必要通过发问澄清案件事实，于是我就临时设计一些发问问题。

甲代：你没有委托律师出庭，你刚才答辩时称对一审判决没有意见，我相信你不一定真正理解这种答辩会给你带来怎样的法律后果，现在我问你几个问题，请明确回答。

丁：好的。

甲代：你与甲之间存在民间借贷或者其他法律关系吗？

丁：没有。

甲代：你和乙、丙是什么关系？

丁：他们是我的老板。

甲代：你把银行卡借给乙、丙后，一直由他们持有，对吗？

丁：是的。

甲代：乙在一审、二审答辩时均称，甲汇到你银行卡的钱款与他们无关，是你和甲之间的交易行为，你同意吗？

丁：银行卡一直由乙、丙持有，与我无关。

甲代：甲汇到你银行卡650万元，你认为应当由谁偿还？

丁：应当由乙、丙偿还。

甲代：你对乙在一审、二审的答辩意见有异议吗？

丁：有异议。

甲代（指出一审判决书认定部分）：你对一审认定的这些事实，有异议吗？

丁：有异议。

我设计的二审诉讼策略是，请求法院对乙本人下发到庭令，通过发问作为二审逆袭的突破口。但乙本人拒绝出庭，其委托的诉讼代理人向法庭回复的理由：乙本人陈述身体状况不好，压力大、抑郁之类的，不能参加，不能确定抑郁症。

审判长问：“作为代理人，知道乙不能到庭可能对其产生不利的后果吗？”

“我知道。”乙的代理人明确回答。

由于乙本人没有到庭，我就没有对乙的诉讼代理人进行发问，因为我预判二审裁判结果已经对我方有利。

在二审诉讼方案中，我没有设计向原审第三人进行发问，因为其答辩对一审判决没有意见，我认为我有必要让其知道这么回答的法律后果，如果甲二审败诉，完全可以起诉丁要求还款，这对甲来说是一种救济途径。

第七节　为赢得下一场诉讼而发问

在一些复杂民商案件中，如果有些诉求不能在一个诉讼程序中解决，也不要放弃努力，完全可以通过发问固定事实为另诉打下坚实基础，这也不失为案件策略的另一种选择。

在甲诉乙建设工程施工合同纠纷案件中。乙曾向甲的项目经理丙汇款20万元，主张折抵工程款，但甲不同意。在其中一次庭审时，丙作为旁听人员出庭了，作为乙方代理人，我认为这是一个好机会。于是，我请求向丙核实这笔款项的性质。

乙代：审判长，今天既然丙也过来了，请丙说一下20万元是什么钱？

丙：不知道他说的是哪笔钱，让乙公司的汇款人丁过来给我对账就好了。

乙代：出示银行凭证，请丙看一下。

丙：丁自己打的让他自己来找我，与本案无关。

乙代：有没有领过案涉工程款？

丙：记不清了，如果收过，也应该有收条。

乙代：除了案涉工程，你与乙公司或者丁是否有其他的经济往来？

丙：没有。

通过发问，可以证实丙与乙公司、乙公司汇款人丁之间没有其他经济往来，甲在本案中不同意这20万元折抵工程款，乙公司可以以民间借贷法律关系另案起诉丙返还该款项。

后来，乙公司按照这个思路另案起诉，但丙又抗辩该款项已在工程款中扣除，显然是做虚假陈述。经过一审、二审，乙公司最终胜诉。

第八章

诉讼策略

——思路决定出路，细节决定成败

诉讼策略选择，不仅考验诉讼律师的专业技能水平，更考验着律师的智慧和悲天悯人的情怀。

第一节　优化诉讼方案

在我们提起诉讼之前，要全面收集案件材料和信息，分析存在的各种法律关系，然后确定最优诉讼方案，当然也不可避免地要在诉讼过程中进行修改、完善，从而选择正确的救济路径。

事实上，在选择确定最优方案时，并没有那么容易，作为律师需要和当事人充分沟通并承担由此带来的巨大心理压力，这需要勇气、智慧和担当。

下面以甲公司股权转让纠纷一案为例进行剖析。

甲公司（驾校）成立于2005年，当时只有四个股东，后来不断吸收隐名股东增加到17人。在经营过程中，公司股东之间产生分歧。2011年3月份，全体股东达成驾校股权整体转让意向书，股东出价高的取得驾校股权，经过三轮竞拍，甲公司马某以1500万元收购其他人的股权。马某给其他股东出具一个保证书，于2011年某月某日之前将1500万元汇入公司财务科，否则其股金归属其他所有股东。当时没有签订书面的股权转让协议书。当马某将1500万元准备好如期交到财务科时，其中12个股东拒绝领取并说没有签订书面的股权转让协议，并霸占驾校。马某筹集的1500万元很大一部分都是借款，一个月要支付几十万的利息，进退两难。

当我承接这个案子时，压力特别大，我和当事人沟通解决方案。

第一，诉讼路径。

如果通过诉讼途径解决，暂且不考虑案件结果，按照一审、二审的诉讼周期，马某难以承受利息压力。其中那12个股东出尔反尔，也是看到马某势单力薄，拖几个月就会垮掉，才采取霸占公司，控制经营权和财权。如果真的走诉讼途径，最后胜诉也是败局。但分析利害关系，我坚持认为诉讼并不是首选方案。

第二，走非诉讼途径。

其中12个股东里面，有6人是交警队、公路局、交通局以及其他政府部门的人员，所占股权比较多。根据《公务员法》以及其他政策规定，公职人员不能从事或者参与营利性活动，在企业或者其他营利性组织中兼任职务。通过纪委监察部门举报、控告，让一部分人先退股，达到其他人共同退股的目的，这是最关键的一步。其次，掌握公司控制权后，再提起民事诉讼，让另外一部分股东彻底退股，或者想退股也不让退，这是第二步。

最终，当事人采纳我的解决方案和诉讼策略。经过几个月的较量，那些公务员退股，但是非公务员仍然没有退股。

在马某彻底掌握甲公司经营权和财政权后，对非公务员只能通过诉讼途径解决。于是向法院提出确认股权转让合同有效之诉，这个时候对方已经不占优势，即使打官司拖上一年两年也没有任何问题，因对方拒不领取股权转让金，马某在公告后把股权转让金从公司领走还借款，诉讼没有压力了，而对方未领到钱却开始紧张了。

在马某提出诉讼后不久，对方要求支付股权转让金，也就意味着对方已经彻底失败。通过协商后，对方赔偿甲公司一部分损失后，退股。从2011年4月到2012年3月，历时一年，该案终于画上句号。

本案如果一开始就走诉讼途径，诉讼成本巨大，即使运用庭审技能赢得胜诉，其实也是败局。诉讼方案和策略的优化，以最小的成本赢得最终胜利，这才符合诉讼本意。

面对对方貌似强大的阵营，我当时开玩笑说："对付二杆子，要用笔杆子；对付笔杆子，要用二杆子；如果二杆子和笔杆子结合了，我们就要用智慧来战胜。"这里所说的"二杆子"，就是多多少少带点蛮力的勇敢的力量。

第二节　错误的诉讼方案成本巨大

在启动诉讼程序前，一定要做好方案设计，这是方向性问题。在设计方案时，第一，要考虑以诉讼促和解的选项，需要用理性去预判，诉讼的最终判决与和解哪一种方法会更好维护委托人的经济利益；第二，要选择正确的法律关系，诉讼主体要准确，这也是起诉的基本条件。

譬如：陈某诉甲公司装修合同纠纷一案。

这是顾问单位甲的一起小案子，本案并不复杂，但陈某以及其诉讼律师所犯下的致命错误，我觉得有必要记录下来从中吸取教训。

本案从第一次起诉到最终结案，时间长达3年多，经过6次诉讼程序，开庭达十多次。从一开始，甲公司同意支付66876.5元给陈某，但其不同意。最后还是这个结果，陈某的律师是外地的，不知道这6万多元是否够支付律师费和差旅费。

陈××借用江苏××有限公司盐城分公司名义承揽甲公司样板房装修工程，并签订装潢施工合同。总造价40多万元，甲公司已支付20万元左右。由于存在质量问题，盐城分公司承诺每套房扣除25000元装修款，共计17.5万元。

争议焦点：装修工程是否存在质量问题；如存在质量问题，是否应当扣除17.5万元。根据双方对事实的陈述和答辩，可以进一步具体落实事实争点：盐城分公司在承诺书上加盖的公章是否真实。

• 第一轮诉讼：以盐城分公司名义起诉，因分公司注销，二审法院驳回其起诉。2016年10月份，陈某以盐城分公司名义起诉，在诉讼中对承诺书上所加盖的盐城分公司的公章真伪申请鉴定，鉴定意见为该公章与装潢施工合同（原告提供）上的公章是一致的。

一审法院判决甲公司支付盐城分公司工程款66876.5元。但盐城分公司不服提起上诉，二审法院以盐城分公司已注销为由，裁定撤销一审判决，驳回起诉。

作为代理律师应当对当事人的主体资格进行审查，在立案、庭审环节法官也应当进行严格审查，否则浪费司法资源，加大诉讼成本。陈某以盐城分公司名义起诉，但并没有调取、检索盐城分公司的工商登记信息，才导致败诉结果。

• 第二轮诉讼：陈某以自己名义提起诉讼，提交与盐城分公司的挂靠协议，一审法院驳回其起诉，二审法院撤销一审裁定、发回重审。在这轮诉讼中，陈某提交与盐城分公司的挂靠协议，主张挂靠关系，直接向发包方主张权利，并且不要求被挂靠人承担责任。作为被告，要求追加江苏××有限公司为被告，得到法院支持。一审法院驳回其起诉，陈某不服一审裁定，提起上诉，二审法院裁定撤销一审裁定，发回重审。

陈某应当以实际施工人的身份向发包人主张权利，以挂靠关系向发包人主张权利，具有很大的风险。在二审法院裁定中，已给陈某指明了诉讼方向，认为陈某是实际施工人，有主张权利的主体资格。

• 第三轮诉讼，陈某主张实际施工人的身份，其诉讼获得部分支持，但对判决数额不服，又经过重审、二审。

发回重审后，陈某主张实际施工人的身份，仍对承诺书的真实性提出异议，但一审法院判决数额仍然是66876.5元，其不服该判决提出上诉。二审法院在数额不变的基础上，判决甲公司的法定代表人承担连带责任。

这次陈某选对法律关系和诉讼策略，获得部分支持，但毕竟走了很多弯路。

作为法律人，应当用法律手段维护当事人合法权利，对诉讼风险、裁判结果作出预判，从而减少诉累，并让当事人产生对法律的敬畏。

第三节 隔代亲子鉴定问题

随着法医 DNA 技术的广泛应用，不但案件检材的使用范围大大扩展，而且亲缘关系的鉴定范围也进一步扩大，使隔代、同胞、旁系亲缘关系的鉴定成为可能。在亲权鉴定案例中，由于各种原因会出现委托方要求对单亲隔代进行亲权鉴定的案例。单亲隔代亲权鉴定是祖父和（或）祖母一方参与的鉴定，通过Y-STR（祖父-孙子）、X-STR（祖母-孙女）可提供排除信息，不排除时可根据ITO 方法计算两个个体的亲权指数。但在实践中，鉴定时除了提供祖孙两个个体的生物样本外，往往还需要提供生母、叔叔、姑姑等不同个体的生物样本，以便于通过家系基因型重建的方法计算亲权指数，从而得到明确的鉴定意见，达到亲权鉴定的目的。因而，此类鉴定从技术上来看，否定结果相对容易，但是否能够得到明确肯定性结果需要依赖参加人员的情况。在此部分，不谈论隔代亲子鉴定的技术性问题，仅仅通过案例来说明，面对一方恶意启动隔代亲子鉴定时应当如何采取对策。

张某（女）与刘某于2011年举行结婚仪式，但未登记。婚后育有一女一子。2014年6月，刘某在北京某工厂打工时工亡，经协商该工厂赔偿其亲属死亡赔偿金、被抚养人生活费等共计110万元。协议达成后，该工厂将110万元赔偿款汇到刘某父亲账户。刘某的父亲为了侵占赔偿款，就将孙女、孙子抢走，后经过110报警处理，张某只把儿子带走了。张某为了要求孩子应分得的赔偿款，就向法院提起诉讼。一审法院判决刘某的父亲向孙子支付其应分得的赔偿款27万多元，由监护人代为保管；驳回孙女的诉讼请求。双方不服该判决，均提起上诉。

一审三次庭审，刘某的父亲均出庭，对张某提供的两个孩子的出生医学证明均未提出质疑，也未否认刘某与两个孩子的血缘关系。

然而，刘某的父亲提起上诉，称两个孩子与刘某不存在血缘关系，并提出亲子鉴定申请。我方不同意对方做亲子鉴定，理由是一审中，对方认可两个孩子与刘某的血缘关系，并且张某又提供两个孩子的出生医学证明，最重要的一点是刘某已经火化了。主审法官认为，因身份关系，即使对方一审认可，二审又提出质疑，法院也应同意对方的申请，如果我方不同意鉴定，那么就推定对我们不利。

最后，我方提出，可以同意对方鉴定申请，但是对方必须提供证据证明刘某与其父亲有血缘关系，否则祖孙血缘关系不能推定父子关系的存在。

二审法院通过技术部门咨询相关鉴定机构，由于刘某已经火化，其样本无法取得，而两个孩子与刘某父亲之间的血缘关系鉴定结果，并不能当然推断出两个孩子与刘某的血缘关系，故不同意刘某父亲提出的鉴定申请。通过张某提供的出生医学证明、住院病历以及其他证明进行综合认定，两个孩子与刘某存在亲子关系。

二审法院判决刘某的父亲于本判决生效后十日内，向两个孩子支付61万多元。

本案看似一个简单的普通民事案件，然而因张某与刘某未领结婚证，两个孩子也没有及时上户籍而变得一波三折。但通过努力代理人终于为张某的两个孩子争取了应得的赔偿数额，维护了妇女、儿童的合法权益。

第四节　政府信息公开在民刑案件中的妙用

在2009年，我曾代理一起土地征收行政案件。某某行政村在1995年8月2日将35.5亩土地租赁给某某棉厂使用，租期40年。2006年，棉厂倒闭，按照法律规定某某村可以收回用于耕种，其土地性质仍然属于集体所有。2008年11月份，在某某村村民不知情的情况下，地方政府将该块土地征收。该村村民去县、市、省上访多次，问题始终未得到解决。该村100多户村民找到我以后，我引导他们尽量走诉讼途径，也就是提起行政诉讼。我接受他们的委托后，去某县国土资源局档案室调取该土地征用的相关材料，但遭到拒绝。

于是，我就依据2008年5月1日起施行的《中华人民共和国政府信息公开条例》提出政府信息公开申请，国土资源局在法定期限内未答复，后提起行政诉讼。最后国土局承诺不再实施征收行为，然后村民撤诉。

受到本案的启发，我在一些民事、刑事案件中亦经常提出政府信息公开申请作为收集证据材料的手段。我列举两个案例：

案例一：两位老人被村干部殴打致轻伤，报案后公安局仅仅对犯罪嫌疑人刑拘五天，然后告知被害人就赔偿问题去法院起诉，不再追究刑事责任。被害人上访数月没有任何结果，身心疲惫。后聘请我为其代理控告。

据了解，该市政法委联合公检法出台一个内部规定，情节不是特别严重的轻伤案件，不批捕不起诉，即使像本案这种情况，犯罪嫌疑人没有赔偿，没有取得被害人谅解也不做出处理，这个内部规定肯定是违反刑事诉讼法的相关规定的。

我与公安机关交涉多次，没有任何进展。经过认真思考，获取这个内部文件，将是案件的突破口。于是，我以自己的名义申请要求当地公安局公开关于轻伤案件如何处理的内部文件，后来公安机关承认有这个文件，但拒不提供。事实上，公安机关也意识到，我会拿这个文件做文章，于是就将本案移送检察院审查起诉了。

案例二：在管某诉乙镇政府建设工程施工合同一案中。乙对施工合同质证意见是："但该合同第二条约定：上级验收合格后，工程款拨付到甲方（镇财政）五日内，甲方通知乙方领取工程款。但至今工程款未拨付到镇财政，因此无法支付该款项。"乙认为支付工程款的条件没有成立，如果上级财政部门十年、二十年不向甲方账户拨款，那么管某的工程款十年、二十年就无法向镇政府主张权利。

于是，我向县财政局申请信息公开，县财政局作出回复：

按照《××省农村人居环境整治三年行动评估验收方案》（××委办法【2020】37号）要求，××县于2020年启动公厕建设项目，项目建设负责单位为××县住房和城乡建设局。县级财政共筹集项目建设资金2979万元。资金已拨付94万元。由于近几年受疫情以及减税降费等众多因素影响，县级财政支出压力较大，造成此项资金支出缓慢。下一步县财政将积极筹措资金，尽快将公厕建设项目资金拨付到位。

通过这一个小小的策略，促成双方达成和解。

第五节　辩护策略艰难抉择

在刑事辩护中，律师可以独立辩护，即使当事人认罪，律师依然可以做无罪辩护，但是当事人本人选择做无罪辩护还是罪轻辩护，这是一个问题。比如当事人做无罪辩护，那么自首的情节就难以认定了，或者有可能失去判处缓刑或者免于刑事处分的机会，有时这是一个艰难的抉择。

在一起挪用公款案件中，当事人原来聘请的律师认为其构成犯罪，后又委托我为其辩护，我没有直接发表自己的观点，我给当事人推荐学习阳明心学，然后再商定辩护策略。

几天后，我问当事人对自己的行为有什么认识，他说看过阳明心学后更坚定自己是无罪的。我说那就做无罪辩护。

原来聘请的律师不同意无罪辩护的策略，她说："我认为构成犯罪，我无法说服我自己为你做无罪辩护，在开庭时我就一句话不说了。"

这个案件庭审进行一天，这名律师说到做到，的确一句话没有说。

庭审结束后，主审法官做当事人的思想工作，透漏出如果认罪可以判处免于刑事处分的意思，认罪还是坚持无罪，这是一个艰难的抉择时刻。这个时候，我给当事人分析此时认罪，利大于弊，建议当事人认罪，当事人认为他自己无罪。鉴于当时的环境和庭审现状，我耐心进行劝说，并分析了各种情形，当事人认罪了，最后法院判决免于刑事处分，保留了公职。

在一起受贿罪案件的辩护中，亦面临同样的艰难抉择。这个案件情况是这样的：2007年某某检察院指控李某与其他两个被告共同受贿7.5万元，于2008年被法院判处免于刑事处分，检察院未抗诉，当事人也未上诉。正常情况下，这起案件就应该画上句号了。几年后，上级检察院在审查卷宗材料时，发现这个案子量刑极轻，所以提出抗诉，法院又启动再审程序。

我接受李某的委托为其辩护，通过阅卷发现并不是受贿，实质上是他和所谓的行贿人合伙做生意，自己又实际出资，但是在原来的供述中又承认未出资，所以才认定有罪。在这种情况下，如果当事人认罪，将面临着被判实刑或者缓刑，还会开除公职；如果不认罪，一旦不成功，当事人连判处缓刑的可能性都没有，面临着失去人身自由。当事人的心理压力特别大，我也是诚惶诚恐，一旦策略失误，将陷当事人于不利境地。

经过与当事人反复沟通，我坚定地说，“你要抓住检察院抗诉的机会，把事实真相说出来，做无罪辩解。如果一旦被判刑，你自己是冤枉的，申诉的希望又是十分渺茫的。现在无罪的机会，就摆在你面前，要感谢检察院的抗诉，你才有机会说出事实真相。”

最终，确定无罪辩护方案 。这个案件经过重审，还是维持了原来的免于刑事处分的裁判结果。

2012年有一起挪用公款400多万元的案子，三名被告人，我是第二被告人的辩护人，第一被告人、第二被告人不认罪，其辩护人做无罪辩护，第三被告人认罪，其辩护人做罪轻辩护。一审第一被告人、第二被告人判处五年有期徒刑，第三被告人判三年缓刑五年；第一被告人、第二被告人均上诉，发回重审。重审后，法院判决三被告人免于刑事处分。那位做罪轻辩护的律师，一直想着给当事人判个缓刑，结果判免于刑事处分，保留了公职。这位律师的罪轻策略其实是有点尴尬的。

策略选择正确了，这是方向对了，还要讲究庭审技能，这关系到案件的成败。我代理的一个刑事申诉的案子，蔡某涉嫌故意伤害，一审判处四年有期徒刑，二审书面审理后直接作出维持一审的裁定。我问蔡某他的律师在一审、二审辩护观点以及对裁判结果的态度。他说："聘请的律师做无罪辩护，但是这个律师说，想无罪太难了，好人死在证家（证人）手里。"我调取一审、二审卷宗材料才知蔡某的案子为何败诉：被害人亲自出庭，蔡某的辩护人并未对其发问；对重伤鉴定意见书提出异议，却不申请法医出庭接受质询；对证人证言有异议，却不申请证人出庭，这些最基础的程序辩护工作都没有做。这怎么能在庭审中取胜呢?

第六节　民刑交叉实操

在重大、复杂民商事案件中，你可以运用发问来揭露案件真相，但对方当事人不出庭或者法官剥夺、限制你发问，或者即使对方当事人出庭，但以各种理由拒不回答或者避而不答，法官也不催告其回答，那么发问这一发现案件真相的装置就失灵了。

当然，你还可以运用全方位庭审技能的理念采取程序性策略和方案，包括启动回避程序，实现保障诉讼权利之目的，用程序性事项来影响庭审进程以及裁判结果，但有时这些装置也会失灵。

当你意识到用尽一切庭审技能依然难以实现正义，如果在民事案件中涉及刑事犯罪，启动刑事控告就是最好的选择，这就涉及刑民交叉的问题。

在民事案件中涉及刑事犯罪的线索，往往是启动民事诉讼程序之后才知道，比如对方当事人伪造证据、虚假诉讼等，下面结合办理的案件来谈如何操作。

一、向法院控告对方当事人涉嫌刑事犯罪，法院裁定中止审理或者驳回起诉，将犯罪线索移送公安机关处理。在诉讼过程中，当你发现对方涉嫌犯罪时，可以向有关机关进行举报、控告，有关机关可能不受理，即使受理但在案件审理期限内不能出具正式立案决定书，那么，法院有可能会以你主张或者抗辩的事实没有证据支持为由，裁判结果有可能对你不利，因此最有效的办法是向法院进行控告，庭前、庭后或者当庭均可以。本书中提及的民事案件，部分涉及刑事犯罪问题。

二、在第一种情况无果后，当事人在撤回起诉或者法院判决其败诉后，启动刑事控告程序。这种情况，本书提及的案例中亦有涉及。

三、在诉讼过程中，当事人向公安机关进行控告，正式立案后，法院裁定中止审理。在相当多的民事案件中，你向法院进行举报、控告对方当事人涉嫌刑事犯罪，法院对此不予回应或者回复，或者告知如认为有犯罪行为可以去有关机关报案。在民事诉讼过程中，公安机关能够及时立案，这也是要靠运气的。

甲某诉乙公司民间借贷纠纷一案。甲某是乙公司的实际控制人，让自己信任的员工苟某代持股权和担任名义上的法定代表人。有一天，苟某将公司会计资料、证件全部盗走，将公司账户的60余万元转到其他账户据为己有，并且预谋占有公司3000多万元债权。甲某与苟某之间没有股权代持协议，在民事诉讼中证明这一点是比较困难的。为了不让苟某的阴谋得逞，达到止损的目的，甲某以民间借贷名义提起诉讼，并对这3000多万元的债权进行财产保全，同时进行刑事控告。在第一季，经过一审、二审程序，法院支持甲某2000万元本金及利息。在第二季，另外1000万元本金和利息，随时会被苟某非法占有，不得不再次提起诉讼，对这1000万元债权再次保全。为了能彻底打赢这一场诉讼，唯一的希望就是公安机关对苟某涉嫌职务侵占罪正式立案。非常幸运，等待近一年的刑事控告终于有了结果，在第二季案件开庭前，公安机关正式立案，法院裁定中止审理。

这个案件涉及刑事、民事，十分曲折艰难，足以拍一部故事情节跌宕的电影。有时纵然你拥有高超的庭审技能，也不一定能实现正义诉求，在这种情况下就应当考虑启动刑事控告程序，否则后果不堪设想。

我们有追求法治进步的美好的愿望，还要有愿力走一条精进庭审技能之路。

第九章

诉讼律师精进之路

——为权利和正义而斗争

笔者从自身成长之路的角度来谈论律师的精进之路，以自身感悟生发信仰，以实战经历获取经验，总结出个人眼中优秀诉讼律师应当具备的素养，为其他同行律师提供可借鉴的方式方法。本书中遇见的一切事物，其实遇见的就是自己，是自己的内心，从这个意义上来说，诉讼律师精进之路，就是一个人的律界江湖。本章通过个案来谈论诉讼律师精进的方法：读书、思考、勇气、诚信、良知。

第一节　为学日益，为道日损

我有意识地关注当事人发问权已近十年，在每一个案件中都会制作开庭提纲，特别是发问提纲，根据案件不同可能会设计几个、几十个，甚至上百个问题，但我从没有考虑过发问技巧的问题。

毫无疑问，发问是有技巧的，甚至说发问是一种艺术，但我只是一个普通的律师，在此谈论发问艺术是诚惶诚恐的。

2018年，我打算在政法院校设立庭审研究中心，通过著书立说的路径解决当事人发问权困惑。我把这个想法和我的一位朋友说起，当时的对话让我终生难忘。他在问了我很多问题之后，对我说没有艺术方面的天分何谈发问艺术呢?

我知道朋友没有恶意，或许也有一些道理，但我没有气馁，也没有放弃。当然，这位朋友并没有完全否定我，表示在我开庭时他可以参加旁听。后来，我朋友经常去旁听我的案子，并对我每一次庭审表现打分。

终于有一天，朋友真诚地对我说庭审是真的有艺术性的，这个结论对我来说是莫大的安慰和鼓舞。

我看过黑格尔的几本著作，尽管晦涩难懂，但我记住了他提出的一个概念“绝对精神”。绝对精神分三个层次：艺术、宗教和哲学。

2015年以来，我阅读了大量的哲学类图书之后，我恍然大悟，明白了哲学是人类精进的学问，一切技艺的基础。

我曾经写过一篇小文《年轻律师应该读什么书》，之所以写这篇小文，有两个原因：其一，我家大宝上初一那一年，端午节放假期间，我和她一起去图书馆看书，她说她现在知道读书有点晚了，我思索了几分钟，认真地说："大宝，我36岁时才意识到读书的重要性，这些年也看了一些书，感觉自己进步很大。只要是想读书，任何时候都不晚。"此时，我又想到孔子的一句名言："朝闻道，夕死可矣。"其二，我一个朋友的孩子和我是校友，那年上大二，暑假期间想跟着我实习。看着他们那年轻而稚嫩的脸颊，总想着以过来人的身份对他们说些什么。

以下就是这篇《年轻律师应该读什么书》的内容：

本文所谈的内容，第一，题目所指虽是年轻律师，但不仅仅指年轻律师，我们这个年纪的律师也需要读书；第二，不限于是律师职业，因为任何行业的人都需要读书。

迷时师度，悟时自度。

也许，年轻律师在刚入行时会有更多的疑惑，有生存的压力，有发展的困惑，更需要别人的指引或者帮助。

那么年轻律师应该读什么书呢？

法律书，自然要读，这是专业技能所必需的。当下，互联网非常发达，获取法律知识、法官裁判规则等途径更加便捷，学会法律检索技能，也许一个小时、几个小时、一天或者两天就足以解决知识层面的法律问题。

因此，本文不谈涉及法律方面的专业书籍，而是说说非法律书籍对律师的影响和帮助，无用胜有用。

第一，读哲学类的书籍。

哲学是一切技艺的基础。黑格尔在《精神现象学》一书中提出"绝对精神"的概念，他认为"绝对精神"分三个层次：艺术、宗教和哲学。在学生时代，教科书也有哲学方面的知识，但这远远不够。我个人认为，王阳明、苏格拉底、克里希那穆提，以及其他哲学家的著作一定要学习，他们的思想会给我们以启迪。

我在2015年无意间接触到阳明心学，它就像一盏明灯照亮了我的内心世界，成为我生活和工作上的指引。这些年，我给朋友、当事人甚至有缘的陌生人推荐最多的书就是阳明心学，毫不夸张地说，我是阳明心学的忠实读者和传播者，希望阳明心学这束光能照亮更多的人。阳明心学为我打开了心灵的一扇窗，由此激发出极大的读书热情。读苏格拉底，它开启认识自我的智慧，以无知打通有知，这也会让我想到阳明心学；读克里希那穆提，它以无我的观察来探知真相和世界的美，仍会想到阳明心学。

无论是读文学还是哲学类的书籍，无非就是把心打开，认识自我，认识世界，吾心即宇宙，宇宙即吾心。

其实，人世间所有的战斗，剥除了各种外衣之后，都是心战。

第二，读无用的书。

老子《道德经》第四十八章写道："为学日益，为道日损，损之又损，以至于无为，无为而无不为。取天下常以无事，及其有事，不足以取天下。""为学日益"讲的是做学问的道理。学问，就是通过知识、读书、经验一点一滴累积起来的，所谓厚积薄发；"为道日损"讲的是学道的方法，就是要学会舍弃，"日损"就是每天都要舍弃和放下，成就道心。做学问是加法，学道就是减法。

目前，法学本科教育，主要是学习法律知识为主，这是做加分，需要"为学日益"，这并没有错，但是仅仅学习法律方面的知识是不够的。至于除了基础知识之外需要学什么和怎么学，这是法学教育亟待解决的问题之一。学生在校期间，也会有一些实务课程，比如模拟法庭、实务讲座等，但其仍以熟悉法律知识而设置，法学生只知道法律书有用，浑然不知无用胜有用的道理。我们的法学教育要激发法科生读书的热情。

法兰西斯·威尔曼在《交叉询问的艺术》一书中指出，法庭盘问需要出众的天赋、逻辑思考的习惯、清晰的常识认知、无穷的耐心和自制力、透视人心的直觉能力、从表情判断他人的个性察觉他们的动机、强而精准的行动力、与主题有关的丰富知识和一丝不苟的细心谨慎，还有最重要的经由盘问发现证词弱点的本能。律师必须面对无数不同状况下作出的各式各样证词，涵盖人类道德、情感、智能的一切层面与情势，与证人展开智力抗争。

法学是“一切人”面对世间“一切”的学问，需要极为丰富的社会经验和常识，而并非只学好基础性法律知识就能游刃有余。掌握了事物的道理，在“道”的指引下，为学才能日益精进。

我曾经带过一位优秀的助理。实习第一周，她很认真地告诉我：“师父，如能从头再来，我会在大学期间好好读书。”我也很认真地告诉她：“即使能重来，如果你遇不到像我这样的老师，你还是和原来一样。”

读书，对自己不仅仅是一条精进之路，还可以学以致用，用来影响自己身边的人，特别是当事人，他们通过案件，改变了自己的认知模式。

2023年4月13日，一位老朋友（曾经的当事人，我觉得称朋友亲切些）的妻子，来我办公室咨询点事情。几年前，她爱人因涉嫌犯罪被判刑，我是她爱人的一审、二审的辩护人。我问了一下她爱人的服刑情况，在监狱都读什么书，精神状态如何。在我眼里她爱人不是犯罪分子，而是一个有良知的人，是一个心灵自由的人。她说她爱人经常给她和孩子们写信，从他的来信中，能感受到他变得十分通透和平静，这令我十分欣慰。

我忆起当年会见他时的情景。在第二次会见时，我给他推荐阳明心学，他买了一套度阴山所著的《阳明心学》（四本）。

当我再次见他时，他说看守所副所长把其中一本书借去看了，看完后非常兴奋地说：“我要组织看守所的在押人员学习阳明心学。”后来，这个所长也确实这样做了。

二审判决结果下来后，他要求再见我一面。除了简单交流一下对裁判结果的看法，我鼓励他到监狱后要多看书、多给孩子们写信，他提出了对未来的担忧。

“我正常情况下要服刑七八年，出来后，还能适应这个社会吗？”他疑惑地问我。

“假如王阳明穿越到现在，他能否适应五百年后的社会？”我反问道。

“一定能。”他很坚定地说。

“我相信你一定也能，社会不管如何变化，无非就是人心。”我鼓励他。

和这位朋友的爱人交流，也是让我很欣慰的事情。临走时，我赠送她一套书，这也是她爱人在看守所读过的那个版本，嘱咐她一定要让孩子们好好读读，让孩子们感受到父亲的变化和进步。

看守所、监狱，这是有形的羁押场所，其实每个人心中也有一座无形的心牢，有些人一辈子都走不出自己编织的牢笼。

智慧，才能真正解救自己，无论何时何地，我们追求的都是能安身立命，内心自由，精神自由。

读书，可以认识自我，以有知来打通无知，以无知来探索未知的世界。

读书的目的和意义就是拥有一颗灵动之心，能够自我扩容心灵，成为智慧之人；读书的最高境界就是缔造一颗宇宙之心，具有绝对精神，包容万物！

第二节　痛苦中思考，思考中成长

笛卡尔有一句名言，“我思故我在”。

作为诉讼律师，总会经历不该败诉却败诉的案子，时常会陷入愤怒、痛苦等不良情绪中，痛苦过后会有更多的思考，在思考中成长，借用笛卡尔的句式“我痛故我在”“我怒故我在”。有时，我们被摧垮的内心需要用汗水和泪水去修复，然后变成水晶之心、钻石之心。

在盈科济南律所青年律师训练营第一期，我分享了诉讼律师精进之路的思考——“我痛故我在”。对这个题目我详细做了说明，缘起于一起建设工程施工合同纠纷。

高密市A劳务分包有限公司（以下简称A公司），诉山东B拍卖中心有限公司（以下简称B公司）建设工程施工合同纠纷案。

一审法官限制我的发问，二审法官认为当事人没有发问权，再审裁判认为“发问权不是辩论权”。

让我们看一下二审庭审部分记录：

上代：审判长，我有问题向对方发问。

审：被上诉人接受发问吗?

被：不接受。

上代：对方不接受发问没有法律依据。根据民事诉讼法的相关规定，上诉人有权对被上诉人进行发问，以查明案件事实以及对证据的证明力大小、证明力的有无作出判断，这也是法庭应当查明的一些事实。对于被上诉人不接受发问，提出异议。

审：被上诉人是否接受发问，是被上诉人的权利，法院如果强制被上诉人接受发问，没有依据。

那时，我还没有程序性办案思维，没有用程序性事项来保障发问权的意识和技能。如果是现在，我一定会做好启动回避程序的预案，也许裁判结果会发生反转。

在第二次开庭时，我再次向法庭请求向被上诉人发问，这个时候审判长态度相对缓和一些，说法庭不会限制当事人依法行使诉讼权利，在上次庭审中对方当事人明确表示不接受询问，并再次征求被上诉人的意见，实质上再次剥夺了我方的发问权。

上代：在法庭辩论之前，法庭能否允许我向对方发问？

审：上次庭审时，上诉人已经提出过该问题，但被上诉人拒绝回答上诉人的发问，被上诉人现在是否接受上诉人的发问？

被：拒绝回答。

审：上诉人还有其他问题吗？

上代：因被上诉人拒绝对上诉人发问的问题进行回答，上诉人不再发问，但是根据民事诉讼法的规定，被上诉人拒绝回答上诉人的发问，应当承担相应的不利后果，上诉人已在庭前将发问提纲邮寄给二审法院。

正是这个案子的一审、二审以及再审均败诉，激发了我探索当事人发问权，以及当事人发问权制度的强大动力。让我更加深入思考诉讼律师该如何成长这个主题。我提出三条律师精进的路径。

第一，我痛故我在。

我经历的败诉案子比年轻律师多，对于不该败诉却败诉的案子，我会比较痛苦，是刻骨铭心的痛。也是一种明知道正确答案，却被迫选择错误答案，最终失利的愤懑。执业的前八年，遇到败诉的案子，我会以我对案件结果无法把控为由安慰自己；2010年底，我到济南市执业，突然发现我再遇到这种败诉的情况，类似“无法把控”这种理由再也无法安慰自己。曾经遭遇一个二审败诉案件，我十多天不敢告诉当事人结果，分分秒秒都在体会这种痛，最后不得不鼓起勇气，告诉当事人结果，反而是当事人找各种理由来安慰我。我当时感觉是自己的庭审能力不行，辜负了客户的信任。

第二，三个维度思考。

痛定思痛，还是要寻求解决之道。现在，我接到判决书，内心相对平静一些：遇到本不该胜诉的而胜诉了，我会弄清楚这个案子为啥会赢，赢在哪里了；遇到不该败诉的而败诉了，我会从三个层面思考：（1）从自身找原因，是不是自己庭审技能不行；（2）很多时候失败的结果并不能完全归因于自身，可能存在着无法改变的外在阻力；（3）诉讼体制的问题。比如，法官限制或者剥夺当事人发问权，我是从诉讼制度层面去思考，经过四五年的思考，我把自己点滴的心得汇聚成第一本书、第二本书。出版后通过自己重新阅读和思考，发现了自己的不足，我们期待从立法层面完善，但不能等待，要在知行合一中致良知，要在知行合一中努力提升自己。

第三，彼此成就。

2014年8月至2021年5月，我经营个人律所七个年头，亲自带过的实习律师、执业律师也有二十几位。说句心里话，我感激他们，从他们身上我学习了很多，也得到很多。我和他们一起成长，今天的思考和分享内容就是来源于那些经历。

有时，我在想诉讼律师有没有顿悟法门，如有，顿悟法门是什么？通过践行阳明心学，有一天我终于明白，所谓诉讼律师的顿悟法门，就在于坚守法律至上的信仰，把这种对法律的信仰，转化为内在强大的动力，再运用到司法实践中，勤奋、勇敢、博学等优秀的品质自然而然就产生了，我们孜孜不倦追求的诉讼技巧也不过是信仰和理念的外显。

对于诉讼理念和诉讼技巧的关系，我个人认为，正确的诉讼理念，其内在要求是要坚守法律至上的信仰，一切向内求，用法律和良知审视自己的职业行为，如此才能做到遇到复杂、疑难案件时全身心关注案件本身，从而提升自己的庭审技能，因此诉讼技巧不过是诉讼理念的显现。

作为诉讼律师，在实践中致良知，做到知行合一，这非常重要。当你遇到复杂、疑难案件时，是全身心专注于案件本身，还是千方百计去搞关系，这是一个问题；当遇见不该败诉而败诉的案子，是归责于诉讼制度、诉讼环境等外在因素，还是从自身找原因，这决定着一个律师的境界和格局。

胡适曾说过，善恶都是不朽的。我们记录着这个世界的善，也记录着这个世界的恶，案件结果已不重要，背后的道德、良知和正义才是我们要坚守的，这应该成为我们的信条。作为一名律师，有时很难改变个案的结果，更难以改变环境，但我们可以记录这个时代。

第三节　培育勇气，捍卫法律尊严

在之前的两本书中，总想写一篇关于优秀律师品格的文章，但无从下笔，其一，自己只是普通律师而已，不敢妄谈；其二，任何东西都需要体悟、证悟，才能谈得深刻，让人信服，自己的修行还不够。截止到现在，我依然还是谈自己的感悟，不敢谈诉讼律师的修养问题。

2023年，在代理一起重大刑事案件中，因当地人民法院存在诸多程序违法之处，不依法传票传唤被害人开庭、公告开庭代替传票传唤等，法院组织三次庭审，六天时间内没有进入法庭调查，最后法庭违法责令我强制退庭。

在这个案件中受到的压制促使我思考诉讼律师应该具备什么优秀品格。我得出一个结论：最重要的品格是勇气。然后又进一步思考，勇敢与勇气哪一个表达更贴切。勇敢，更多的是一个人与生俱来的品质，而勇气，是可以后天培养的。即使是性格懦弱的人，在法律信仰的感召下，完全可以克服恐惧来捍卫法律的尊严。因此，我认为诉讼律师最基础、最重要的品格是勇气。

这让我想起2019年代理的三起房屋买卖合同纠纷案件，我代理原告甲公司一审、二审。这三起案件有个共同特征，每一个案件都有两个共同的被告（简称乙和丙），事实上是乙和丙用其他被告的名义从原告处购买的房屋。因逾期偿还银行按揭贷款，出现根本违约，原告主张解除房屋买卖合同并要求赔偿损失。

一审法院支持原告的诉讼请求，被告不服提起上诉。原告收到的上诉状，对方当事人在其姓名处按手印，并未签字。从外观上来看，是同一人用不同的手指所按的。二审开庭，法官在核实当事人身份时，我方提出上述异议，并且要求对上诉状中上诉人的手印印迹做司法鉴定。

审（非常重视）：乙，上诉状中你的姓名处是你本人按的吗？

乙：是我本人按的。

审：被上诉人代理人，乙本人已到庭，自己承认是自己按的手印，你还要做司法鉴定吗？

甲代：坚持做。

审：你是哪里的律师？（还没有等我阐述理由，法官就问了我这样的问题，这也是我经常遇见的情形。）

甲代：我是山东的。

审：作为律师要维护委托人的合法权益。你要做司法鉴定，要是对你方不利，要承担法律责任。

甲代：审判长，如果司法鉴定意见书不能支持我方主张的事实，鉴定费用由我方承担。我方提出的申请鉴定事由，是有一定的事实依据的，请审判长释明，除了我方承担鉴定费用，还要承担哪些法律责任？

审：肯定是有法律责任的。

这三起上诉案件，我只同意审理其中一起，另外两起我坚持做司法鉴定。庭审结束后，法官让我留下，建议我撤回鉴定申请，并说两三天就出判决。我从交谈中预判二审会维持一审判决，于是我就写了撤回鉴定申请。如我所料，我方两三天后收到胜诉判决。该案已过去四五年了，但当时的场景依然清晰。

事后，委托人说因为案外人信访，当地纪委介入调查这起案件，问我与法官是否熟悉，委托人说："我们聘请的律师是山东的，开完庭就回去，与主审法官不熟悉。"事实上，我的确如此，听到委托人自信的回答让我内心感觉无比欣慰。

在法庭上，要有正确的判断，必须坚守自己的职业操守和原则，毫不畏惧，只有这样才能赢得法官尊重。当然，这种勇气不是鲁夫莽汉的蛮干，是有智慧的勇敢，同时要切实维护当事人合法权益。

第四节　诚信，做事做人之本

法律是最低限度的道德。

如果当法律成为一种手段，那么守法会变成困难的事情。在法庭上，如果因为说出一句真话可能会输掉一场官司，是否讲诚信，则是最考验人性的，这也是时常摆在律师面前的思考。

当事人以及诉讼参与人在诉讼中遵守诚信原则，这是法律的要求，也是做事做人之本。法律与道德，还有一个共同点——因果律。如果因为说谎而赢得诉讼，打赢的可能不是官司，而是通向犯罪的大门。这不是道德说教，可以提供大量实例来印证因果律在诉讼中依然发挥作用。

我曾代理两起建设工程施工合同纠纷案件。具体案情略，具有两个共性：（1）一个工程出现两个总承包；（2）对方当事人不配合回答，法官限制或者剥夺我方发问权。

让我们看其中一起案件部分庭审内容。

审：原被告双方有无向对方发问的问题？

原代：有问题向乙公司和丙发问。先向乙公司发问。

原代：你公司认为协议书加盖的印章是伪造的，有没有向公安机关报案？

乙代：与本案总结的争议焦点无关。

原代：我认为该问题与本案有关，乙公司应当回答这个问题。

作为原告甲公司代理人，我将这个问题与查明案件事实的必要性做出充分说明，向法庭请求责乙公司回答，但法庭并未支持。我也明显感觉出乙公司在接下来的发问中也不会配合，就不再向其发问。接着，向法庭提出向丙发问。

原代：你辩称是涉案工程总承包，你与谁签订的承包合同？

丙：该问题与本案无关。

原代：审判长，我认为丙应该回答这个问题。（1）原告提交了一份商品房买卖合同，丙作为出卖人与购房人签订合同；（2）丙辩称是涉案工程的总承包，对其主张的事实有义务提交证据；（3）原告提交了承包拟定协议书以及其他相关证据，足以证实原告是涉案总承包，而丙辩称自己是总承包并没有向法庭提交建设工程承包合同，对于涉案工程总承包是原告还是丙，这是法庭应当查明的重要事实；（4）根据民事诉讼法的规定，诉讼参加人应当遵守诚实信用原则，作虚假陈述要承担相应的法律责任。作为主审法官，对不回答问题的一方，有责任催告对方回答或者向对方释明不回答的法律后果。

这时一个审判员喧宾夺主说道："一方有向对方发问的权利，对方回答与否，这是对方的权利。对于这个问题，法庭是否应当调查，需要法官提问的由法官提问。"明显看出来，法官对我一再请求法官行使释明权已十分不耐烦。

庭后，法官动员甲公司撤回对丙、丁的起诉，这样就以被告主体不适格，裁定驳回起诉，可以退还全部诉讼费，否则就驳回诉讼请求。

无奈，甲司接受了法官的建议。

法院驳回甲公司起诉后，我方当事人对丙涉嫌伪造印章、合同诈骗等行为进行控告，后以涉黑涉恶刑事立案。最后，丙等人被追究刑事责任，其中与本案有关的罪名有两个：寻衅滋事罪和妨害作证罪。

丙因自己的恶行和虚假陈述等承担刑事责任，是罪有应得，但也和律师不诚信诉讼有一定关系。

第五节　良知，守护职业底线

《民事诉讼法》第十三条规定："民事诉讼应当遵循诚信原则。"

诉讼律师不仅自身要遵循诚信原则，而且也要说服当事人应真实陈述，遵守法律和良知底线。精进庭审技能的终极价值是维护法律的公平正义。

在陈某诉马某、林某建设工程劳务分包合同纠纷一案中，我就在庭前、庭审中适时善意提醒对方律师不能说谎，维护诚信的诉讼秩序。

我作为马某、林某的诉讼代理人参加庭审。陈某在诉状中对案件事实的陈述并不完全属实，庭前我申请原告陈某出庭。但第一次庭审时，陈某本人没有出庭，而是委托两名律师出庭。

在诉答阶段，我方答辩结束后，主审法官可能认为双方对案件事实争议比较大，出于对争点整理的需要，要求陈某代理人对我方的答辩发表辩论意见。

"原告代理人，我刚才答辩的内容，相信你的委托人并没有告诉你实话。你发表的辩论意见涉及案件事实的部分，属于当事人陈述，属于证据种类之一。如做虚假陈述，你的当事人要承担虚假陈述、虚假诉讼的法律责任，希望你向委托人落实有关情况后再发表意见。"在陈某发表辩论意见前，我真诚地对他说。

"我要我的委托人出庭陈述有关事实，我仅仅依据现有书面的证据发表意见。”他犹豫了一下说道。这种攻心战术显然起到一定效果。

接着，我就提出责令陈某本人在下次开庭时出庭。毫无悬念，法官同意我的请求。庭后，原告代理人并不理解我的真诚劝说，非常气愤地说：“你这是道德绑架。”

在另一起民间借贷纠纷案件中，案情不再陈述。我代理原告出庭应诉，本案一共开三次庭。

第一次开庭，被告缺席。

第二次开庭，被告本人未到庭，而是委托一名年轻律师应诉。在开庭前，书记员做着庭前的准备。我和对方律师偶尔眼神对视，都保持着沉默。

“你代理被告出庭应诉，这是你的职责。但作为同行，我还是想和你聊聊，你在答辩时一定要遵守本案的基本事实，如果虚假陈述，可能对你的当事人不利。”我打破沉默，出于对同行的保护善意地提醒。

“我们有谈话笔录，如果答辩中涉嫌虚假陈述，也是当事人承担法律责任。”

她自认为职业风险措施做得比较好，比较自信地回复我。

“作为律师，在出庭前应当有责任了解案件事实。如果你明知被告虚假陈述，仍然按照其意思答辩，如法院认定属于虚假陈述，你可能面临几万元的罚款。我觉得这个案子你也不一定能收这么多律师费，一旦出现这样的后果，你的当事人对你会是什么态度？”我进一步地劝说。

这个时候，她已经没有那么自信了。接着，我们继续进行简单交流。

第三次开庭，这个年轻律师没有出庭。

作为法律的遵守者、当事人权利的维护者——律师更应当秉持诚信原则，用良知守护住职业底线和法律底线，这不仅仅是职业道德要求，而且是我们规避自身风险的重要原则。

第六节　脱下律师袍为权利而抗争

在民事庭审中，当启动回避程序后，法官应当宣布休庭，先处理程序性问题，然后再恢复法庭审理，这是按照民事诉讼法以及司法解释的处理流程。但我在两起案件中遇到与此不同的处理方式，即使启动回避程序，法官亦执意推进庭审，庭后解决回避程序问题。

在这种情况下，我们是听从法槌的指挥，还是要捍卫程序正义而抗争呢？

这是一起民间借贷纠纷二审案件。我是二审上诉人（一审被告）的代理人。本案属于典型的套路贷。一审中，我提出各种程序性事项，包括启动回避程序，一审法院组织五次庭审，结果我方败诉，然后上诉。

二审已组织两次庭审，还没有走完庭审程序。第二次庭审，经过举证质证以及法官询问，被上诉人在法官询问时不断地擦汗，这意味着真相已水落石出，我也能预判二审的裁判结果。但是，我要的不仅仅是公正的判决，更要让虚假诉讼行为付出代价。我强烈要求法院将犯罪线索移送公安机关，于是就发生了庭审中的冲突。

审：你主张涉案被上诉人的起诉涉嫌套路贷、虚假诉讼等犯罪行为，除你方当庭以及一审向法庭提交的证据外，对于涉嫌犯罪的行为是否还有其他证据？

上代：目前没有。

审：对于你所主张被上诉人的起诉涉嫌套路贷、虚假诉讼等犯罪行为，你有权向公安机关行使举报或者控告的权利，本庭现依法向你释明，你庭后可以依法行使相关的权利，并将相关的情况于15日之内向本院进行反馈，是否听清？

上代：听清。但是有异议，本案中通过一二审调查可以得出一个结论，被上诉人制造资金来源，交付经过，审判长刚才说了本案存在疑点，也告知了被上诉人如果不慎重回答可能移送公安机关。如果本案涉嫌套路贷犯罪，法院应当依照法律规定进行处理，上诉人再次当庭向法院举报被上诉人涉嫌套路贷。

审：你方是否向公安机关举报控告过？

上代：我们没有举报控告过。因为我们已经向法院举报了，法院有义务依照法律规定进行处理，我申请法院撤回我方有权向公安机关举报控告的告知。

审：释明以上向你方告知的内容是你方可以向有关机关依法行使权利，未要求你方必须行使该项权利，至于你方对本案提出可能涉嫌犯罪线索的意见，合议庭会慎重审查合议。

上代：（1）上诉人可以向公检法任何部门进行举报，对于涉嫌套路贷的问题，犯罪的线索都在法院掌握着，上诉人认为应当由法院依法进行移送，刚才审判长告知的有权向公安机关进行举报控告，上诉人认为并没有依法进行处理上诉人的程序性事项。（2）如果合议庭依然不收回刚才的告知内容，上诉人将行使回避的权利。

审：对于上诉人代理人当庭提出如果合议庭不收回权利释明的告知内容，将依法行使回避权利的问题，本庭当庭休庭进行合议后回复。

（休庭十多分钟后，合议庭合议后，宣布恢复审理。）

审：对于上诉人代理人当庭提出的问题经合议庭慎重合议，本庭认为：公民对任何涉嫌违法犯罪的行为均有权利向公检法等部门行使控告的权利，本庭当庭向上诉人释明行使控告的权利，并将是否行使该权利的情形在15日内向本院进行反馈，并无不当，上诉人代理人当庭要求收回该项释明权利并无法律依据，本庭不予准许。

上代：对合议庭的合议有异议，并行使回避的权利。庭后提交书面的回避申请。

审：对于你提出的回避申请，请你于庭后7日内向本庭提交书面的回避申请书，列明回避的情形和法律依据，本庭将按照民事诉讼法的规定进行处理，是否听清？

上代：听清。

审：双方对事实部分有无补充？

上代：在回避事项处理之前暂不发表意见。

被：没有。

审：现在法庭调查结束，开始法庭辩论。

请上诉人发表辩论意见。

上代：刚才上诉人已经提出回避申请，本案的庭审应当中止，等处理完回避事项后再进行。

被：同意继续审理。

审：鉴于本庭已经进行案件事实的查明，上诉人代理人当庭提出合议庭回避，并未说明明确的法律依据和事实理由，本庭建议法庭辩论等审理程序继续进行。

上代：不同意。

审：现在征求一下上诉人本人的意见，对于本庭余下的诉讼程序是否继续进行？

上：我同意继续开庭，因为刚才的事实已经查得非常细了。

上代：我尊重当事人的意见，如果今天继续开庭，我就解除和当事人的合同，不再代理本案。

委托人之所以同意继续开庭，是因为通过庭审能够预判二审的裁判结果，本案事实的确已经查清了。但委托人并不理解我的诉讼策略和真实的目的，于是在立场上产生矛盾。当时，我情绪比较激动，一边说一边脱下律师袍，离席要退出法庭。但是法官劝我不要激动，先坐下。我说："为了追求个案的公平正义，在一审，我提出各种申请，包括申请法院向被上诉人下发到庭令、启动回避程序等，一审法院组织五次庭审，付出了多么大的代价啊。我接到一审败诉判决，我发誓如果二审不能改判，我的律师证都不要了……"

审判长看我这么激动，就开始给委托人做思想工作，要尊重和理解代理人，事实上就是暗示委托人要听从我的意见。委托人也明白了法官的意思。

上：我尊重律师的意见，本庭审判程序不再进行。

上代：没有意见。

审：上诉人本人是否申请合议庭回避?

上：我同意律师的意见申请回避。

审：经合议庭慎重考虑，为充分让双方当事人及代理人陈述意见，以便本庭查明事实，准确界定相关的法律关系，本庭宣布休庭。

这是我第一次脱下律师袍阻止了庭审进程。事后，法官告知我已将犯罪线索移送公安机关处理，这也是我坚持程序性事项想要的结果。后收到消息，公安机关以虚假诉讼罪对被上诉人正式立案侦查。

在一起行政案件中，我要求对被告发问，设计发问问题有四五十个，但法官只允许发问三至五个，于是我启动回避事项，法官执意推进庭审，这时我要脱下律师袍，法官说："代理人先别脱律师袍，其实我也很热，再坚持一下。"我经过慎重考虑，还是让庭审进行下去。这次没有脱律师袍退庭，是因为我知道即使不发问也会胜诉，通过庭审完全可以预判裁判结果。两个月后，我方收到胜诉判决。

第七节　法律故事，由我们共同讲述

2024年的春节，我领着两个孩子观看电影《第二十条》。

我并不是追剧的人，也没有从众心理，只是看到法律人在朋友圈、微信群对这部电影热评或者热烈讨论，我才动心了。

剧中韩明检察官，在大学时代为了女同学吕玲玲曾有过见义勇为之举，也曾想过讲好法律人公平正义的故事。走上检察官岗位，从他办理张贵生故意伤害一案来看，他是一个有温情的人，或者是一种出于社会对维稳需要的策略；从他办理过类似王永强的案子的态度来看，他自认为是坚守法律的底线的，但他没有勇气去激活第二十条的法律精神，他有错吗？没有。

在王永强故意伤害一案，韩明从辅办到主办检察官，从遵循司法案例到激活第二十条的法律精神，从事业到家庭，这里面有一条主线、一个过程，那就是韩明检察官良知激活的过程，最后达到良知顶峰状态，这是整个剧情的高潮，也是感人之处。

我家大宝说看到后半场就感觉很压抑，其实我也流泪了。

如果不是初恋吕玲玲的坚守与影响？

如果不是儿子因见义勇为之举可能遭遇处分？

如果不是郝秀萍从楼上纵身一跳？

如果不是张贵生在上访的路上发生交通事故死亡？

如果不是儿子遭遇校园霸凌？

如果不是妻子李茂娟最后的勇敢而被行政拘留？

……

正因为这些“如果”发生在韩明身上，才有了王永强最后的不起诉，才有了第二十条法律规定的激活。

我之所以流泪，我知道没有这么多“如果”会发生在那些掌握别人命运的公检法人员身上或者官员身上。

大宝看完电影后对我说：“大傻爹，我终于理解你的愤怒了，有时会为别人免费打官司，以后我做律师，我可能很多案子不忍心收钱……”

这让我想起2017年办理的一起故意伤害罪二审案件。

2015年6月的一天晚上九点多，赵某等人欲买田某的承包地进行挖沙，到其家中交涉，在田某没有防备的情况下，赵某持茶碗击打田某的头部，田某进行警示无效的情况下，打电话通知其儿子报警，然后持刀将赵某等人砍伤，经鉴定一重伤、一轻伤、两个轻微伤。在不法侵害消失后，田某因害怕报复蹲在一个搅拌站，打电话报警。田某也住院治疗。

一审法院认为田某构成故意伤害罪，对田某的辩解及其辩护人辩称其系正当防卫的意见不予支持；对其辩护人辩称受害人有重大过错也未采纳。一审法院以故意伤害罪判处田某有期徒刑六年零六个月，并判决其赔偿受害人经济损失六万多元。

田某不服该判决提起上诉，其亲属认为判决结果极其不公正。其亲属委托我为其二审辩护人。田某的一审辩护人做的无罪辩护，从一审卷宗来看，法庭调查仅仅一页纸，辩护效果可想而知。

我会见田某多次，田某在讲述用刀砍赵某等人的动机时说了一句话，

“他要打我家娘们（妻子）”，仍记忆犹新。

田某的行为属于典型的正当防卫，我为其做无罪辩护，紧紧围绕正当防卫的构成要件进行论述。但同时向法院提出如果裁判田某有罪，那么田某具有自首法定从轻情节以及赵某等人具有重大过错，完全可以适用缓刑。

二审法院未开庭审理，但认定田某具有自首情节，并在主审法官的组织下就民事赔偿达成和解。二审法院认定构成故意伤害罪，改判田某三年有期徒刑，缓刑五年。

法律人讲好公平正义的故事，在知行合一中致良知，才能不辜负这个时代，才能为子孙后代创造一个真正的美好社会，一个法治社会。

我家大宝从小坚定的理想就是做律师，期盼大宝能成为未来真正的大律师，讲述属于他们那个时代的法律故事，他们的时代也有我们这一代的影子。

以阳明心学作为哲学根基，这是全方位庭审技能体系的重要内容。这一章的内容本打算谈“阳明心学”在法律实践中的应用，但总感觉构建这个体系超出我的能力范围。事实上，谈阳明心学，阳明先生的经历是不可忽视的，这是因为阳明心学是实践性哲学，需要在知行合一中致良知，用良知来指引司法实践，不是说一套做一套。于是从个人职业成长、感悟这个视角结合事例来谈律师精进之路，希望对大家有所启发有所借鉴。

附录 1

来自法官的复盘电话[①]
——万物皆有裂痕，那是光进来的地方

一、案情概述

2020年1月，华允律所接受福建省A公司之委托，对浙江省B公司提起的加工承揽合同纠纷进行应诉，B公司要求解除合同，返还已经交付给A公司的原材料；A公司提起反诉，要求B公司赔偿解除合同的违约损失。因标的额过亿，一审管辖法院为宁波中级人民法院，我和同事担任A公司诉讼代理人，一审胜诉，由A公司出具原材料的可行性交付方案，承担所有交付费用，并承担因违约给B公司造成的损失。B公司向浙江省高级人民法院提起上诉，之后撤诉，一审判决生效。因加工合同所涉产品系含毒性的化学品，原材料涉及火灾危险性甲B类可燃液体危险品，故案件审理过程诸多存在特殊性和复杂性。尽管每个胜诉案件，都可以作为诉讼代理人的勋章，在此后的日子里用以呈现和加持自己的专业性和价值感，从而试图说服更多当事人委托，但复盘下来，往往会发现，一场不是赌赢的诉讼，仰赖于这个案件中每一位诉讼参与人对于法律的尊重，甚至信仰。

① 本文作者：李毅。北京华允律师事务所创始合伙人、主任律师。中国政法大学法律硕士学院授课老师、兼职硕士生导师，中国法学会诉讼法学研究会理事。专注于公司法、私募与风险投资等前沿法律问题研究与争议解决。

二、制胜要点

（一）申请勘验现场

A公司表达委托意愿后，我和同事要求前往现场了解生产全流程及更多加工合同磋商、签订、履行的细节后，再协商委托事宜。

勘验现场后得知：A公司整个厂区占地百余亩，几乎覆盖整个厂区的全套机器设备不可分割，采购价格超过1亿元，每月的维护费用逾千万，开车预热需要3天，生产完毕后完全停车也需要3天。由于原材料属于可燃液体危险品，因此B公司供应的原材料通过船只运输至码头，A公司由码头架设数公里的运输管道至厂区机器设备的原料储存罐，之后即可进入生产环节。根据设备使用说明书，为防止发生爆炸，原材料只有输入设备的进口，并未设置输出口。

据此，我们出具初步法律意见：（1）B公司提出的返还原材料之诉请，客观上难以实现交付；而一旦我方的赔偿诉请得到支持，可通过申请强制执行程序主张对原材料的权利。（2）B公司可能会在庭审过程中针对我方关于设备无输出口这一答辩意见，变更诉请为折价赔偿，建议在庭审过程中，我方坚持同意返还原材料，则其诉请依法不可以变更为折价赔偿。（3）诉讼目标初步确定为：① 由于A公司已无合作意向，继续履行存在法律上的可能性，但已经很难实现商业价值，故同意解除合同；② 核心证据链指向B公司违约在先，并导致合同目的不能实现；③ B公司的违约行为给A公司造成损失，其应当承担相应赔偿责任；④ B公司交付的原材料对于A公司来说客观上无法返还，如A公司反诉获得损失赔偿，则有权对B公司交付的原材料申请部分强制执行。

我和同事在现场录制了大量视频，拍摄了诸多细节性照片，如机器设备的原材料储存罐上的可燃危险品标志，及原材料输入口的状态等等，之后，刻制成光盘作为证据提交。

外一则：

2024年2月，山东亲戚因交付的房屋存在严重缺陷起诉开发商要求退房，一审败诉。我作为二审代理人之一参加了庭审，最终二审改判退房，我把最重要的胜诉原因归结于庭审前的现场勘验。乍一开始看到一审判决时，我问及小区有多少户业主，多少业主拒绝收房。亲戚说700多户业主，要求退房的大概有5家，或者3家。我当时心里认定这个一审可能并没有问题，但为了达成亲戚的意愿，同意代理二审。庭审前一天，我去现场看了拒收房屋及周边的实况，令我非常吃惊的是，小区占地是部分村庄拆迁，但亲戚所购买的那栋楼相隔不到10米处恰好有一处未能拆除的3层楼房，加上屋后还有数棵大树，使得亲戚购买的一层即使在白天也满屋漆黑，类似情形的还有另外几套房屋。我查看了未拆迁的楼房门外尚有多种家禽在活动，树枝上挂着晾晒的被子和衣物，门口摆放着自行车、电动车，也有汽车停车场，显然住户的生活处于正常状态，询问数个路人，都说这里并未传出要拆迁的消息。

庭审伊始，我提交了在现场及周边录制的视频，说明开发商欲交付的房屋不满足法定居住条件，且长期无法消除该情形，同时，申请二审合议庭勘验现场或者到原审人民法院所在地进行二审的审理。合议庭采纳了我的勘验现场申请。我因在外地出差未能跟合议庭同往现场，据说看完现场，法官问开发商如果是自己买了这样的房子是否会拒收。

我很多时候会想，我们总说“事实胜于雄辩”，但在实务中是否做到了知行合一，又是否运用适当的方法做到了有效的知行合一。我们会斟酌，事实是任何人都可以讲述的，有的当事人比我们讲述得更生动更细致；作为律师，如果在庭审过程中没有旁征博引各种法条，何以体现我们的专业性。可是，从法律的角度，把事实的原委和焦点的边界说清楚，会不会是更重要的事情？

申请法官现场勘验或申请二审审理在一审法院所在地进行的法律依据：

《民事诉讼法》

第八十三条　勘验物证或者现场，勘验人必须出示人民法院的证件，并邀请当地基层组织或者当事人所在单位派人参加。当事人或者当事人的成年家属应当到场，拒不到场的，不影响勘验的进行。

有关单位和个人根据人民法院的通知，有义务保护现场，协助勘验工作。

勘验人应当将勘验情况和结果制作笔录，由勘验人、当事人和被邀参加人签名或者盖章。

第一百七十六条　第二审人民法院对上诉案件应当开庭审理。经过阅卷、调查和询问当事人，对没有提出新的事实、证据或者理由，人民法院认为不需要开庭审理的，可以不开庭审理。

第二审人民法院审理上诉案件，可以在本院进行，也可以到案件发生地或者原审人民法院所在地进行。

《民事诉讼法司法解释》

第一百二十四条　人民法院认为有必要的，可以根据当事人的申请或者依职权对物证或者现场进行勘验。勘验时应当保护他人的隐私和尊严。

人民法院可以要求鉴定人参与勘验。必要时，可以要求鉴定人在勘验中进行鉴定。

（二）申请法官回避

第一次庭审，仅有审判长一人参加，其表示此次并非正式开庭，因案件存在本诉和反诉，由此希望双方当事人能够谈一下各方的诉求，看是否存在达成调解的可能性。双方代理人皆表示同意。B公司代理人表示要求退还原材料，同意赔偿A公司损失300万；我方同意退还原材料，但跟法官陈述了客观上无法退还的原因，另B公司的违约行为给我方造成的损失远远超过300万元，故无法接受该条件。对方代理人对我方提及原材料在设备中只进不出的事实表示质疑，认为这个设计不具有合理性，且认为完全可以通过设备改造实现原材料的输出。审判长表示，因B公司申请查封的原材料属于易爆、有毒物品，层层报请至最高人民法院申请，未获批准，可见设备改造可能并不容易，如果B公司认为具有可行性，可以找专业人员出具方案。

其间，对方代理人多次指出我方提出的调解数字系狮子大开口的天文数字，审判长也认为我方对损失没有进行合理评估，缺乏调解诚意。我方表示之所以在庭审伊始申请合议庭到现场勘验，正是因为，作为化工行业的非专业人士，如不到现场，很难理解A公司提交的证据清单中的损失明细。审判长表示本案不存在到场的必要性。故我和同事在庭后提交司法会计鉴定申请，对我方损失进行鉴定。

庭后，我和王律师经过讨论，并征得当事人的同意，提交了要求审判长回避的申请，主要理由有两点：（1）本案案由虽系普通的加工合同纠纷，但其加工标的具有特殊性，需要对化工产品具有一定了解或至少愿意通过学习了解相关行业知识和专业知识的法官进行审理方可查清事实，但第一次非正式开庭过程中，我方认为审判长并不具有相应专业知识，并且没有主动对相应的专业性问题进行询问，也没有耐心听取双方关于特殊产品的介绍，这将导致此后的庭审过程很难对事实予以查明；（2）案件尚未进行审理，仅仅通过当事人的概述，便对当事人的主张产生倾向性意见，我们认为难以在之后的庭审中保持中立立场。

不久，我们收到通知，回避申请被采纳，审判长更换。

外两则：

我代理的案件中，申请法官回避的案例并不多，申请成功的案例就更少了。主要原因是，我提出的申请回避理由大多并非法定事由，而偏向于认为法官对所涉案件专业问题的了解程度较低，或其对不了解的专业问题也并不抱有探究的态度。

比如，在一起股权激励合同纠纷案例中，我代理离职员工，要求从股权激励平台退伙，由公司退还入伙时的出资份额。我们检索了主审法官的以往判例，民间借贷案件居多；在第一次庭审过程中，主审法官对普通合伙型股权激励平台缺乏基本的了解，导致庭审过程中其认为一旦成为普通合伙企业的合伙人，没有法定或约定理由不能退伙，而对公司人力资源部发给员工的股权激励合同拒绝审查；再比如，在一起私募股权合同纠纷案例中，我们没有检索到主审法官曾经有类似的案例审判，且在第一次庭审过程中，其制止律师使用“LP或GP等英文字眼”，其对私募股权基金的募投管退程序缺乏基础认识，对有限合伙型私募股权基金的运行程序完全不了解。

上述案例，我皆提出了回避申请。

第一则案例，在我讲明事实和理由后，主审法官做了休庭处理，其回到法庭后对公司方代理人进行了询问，了解了股权激励的情况，并提议给发邮件的人力资源部经理当庭打电话，电话拨通后，其询问员工入伙普通合伙企业的全流程，并问询其他离职员工是否会做退出股权激励平台的处理，如不做处理，如何对后续合伙事宜进行有效管理，在员工离职后如何控制其作为合伙人的风险等问题。我当庭撤回了回避申请，并向主审法官表示以非法定理由提出回避，有些冒犯，请其能够谅解。主审法官则表示，在法庭上，无论是法官还是律师，都是为了查清事实，对事不对人，不要放在心上，安心开庭即可。

第二则案例，庭后提交回避申请后，主审法官做了一次线上谈话，听取了事实和理由后，告知院长认为本案不符合法定回避事由，故不予支持。

其实，我想律师职业始终处于探索之中，任何案例败诉也好胜诉也好，呈现的意义大于启发的意义，这样让我在写作过程中便没有很大的压力。申请回避不可以滥用，但我们需要在必要的时候通过适宜的方式表达我们对法官某一个或某几个维度的要求，正如第一则案例中的法官所说，对事不对人，希望通过一些略带抗争性的表达方式，争取到案件事实被查清的正确打开方式。

申请审判人员回避的法律情形，通常包括：

《民事诉讼法》

第四十七条 审判人员有下列情形之一的，应当自行回避，当事人有权用口头或者书面方式申请他们回避：

（一）是本案当事人或者当事人、诉讼代理人近亲属的；

（二）与本案有利害关系的；

（三）与本案当事人、诉讼代理人有其他关系，可能影响对案件公正审理的。

审判人员接受当事人、诉讼代理人请客送礼，或者违反规定会见当事人、诉讼代理人的，当事人有权要求他们回避。

审判人员有前款规定的行为的，应当依法追究法律责任。

前三款规定，适用于法官助理、书记员、司法技术人员、翻译人员、鉴定人、勘验人。

《最高人民法院关于审判人员在诉讼活动中执行回避制度若干问题的规定》

第一条 审判人员具有下列情形之一的，应当自行回避，当事人及其法定代理人有权以口头或者书面形式申请其回避：

（一）是本案的当事人或者与当事人有近亲属关系的；

（二）本人或者其近亲属与本案有利害关系的；

（三）担任过本案的证人、翻译人员、鉴定人、勘验人、诉讼代理人、辩护人的；

（四）与本案的诉讼代理人、辩护人有夫妻、父母、子女或者兄弟姐妹关系的；

（五）与本案当事人之间存在其他利害关系，可能影响案件公正审理的。

本规定所称近亲属，包括与审判人员有夫妻、直系血亲、三代以内旁系血亲及近姻亲关系的亲属。

第二条 当事人及其法定代理人发现审判人员违反规定，具有下列情形之一的，有权申请其回避：

（一）私下会见本案一方当事人及其诉讼代理人、辩护人的；

（二）为本案当事人推荐、介绍诉讼代理人、辩护人，或者为律师、其他人员介绍办理该案件的；

（三）索取、接受本案当事人及其受托人的财物、其他利益，或者要求当事人及其受托人报销费用的；

（四）接受本案当事人及其受托人的宴请，或者参加由其支付费用的各项活动的；

（五）向本案当事人及其受托人借款，借用交通工具、通讯工具或者其他物品，或者索取、接受当事人及其受托人在购买商品、装修住房以及其他方面给予的好处的；

（六）有其他不正当行为，可能影响案件公正审理的。

（三）申请延期审理

本案审理期间恰逢疫情，我们收到线上开庭通知，书记员通过电话跟我们解释了合议庭的考虑，客观情况所限，如果坚持线下庭审恐怕会拖延很长时间，而案涉原材料具有挥发性，其价值一直处于贬损状态，对双方当事人皆不属于利好事实。经与当事人协商，认为本案案情复杂，且根据其他案件线上庭审经验，受各方网络及设备差异所限，庭审过程常常出现卡顿或退出情形，不利于完整发表意见，也可能存在错失听取他人意见的情况，由此，根据最高人民法院【法（2020）49号】《关于加强和规范在线诉讼规则的通知》第二条之规定，不同意线上开庭，申请案件延期审理。

该申请获合议庭准许，本案最终通过线下完成了两次证据交换和一整天的庭审程序。

我相信大多数律师同行对此程序并不陌生，兼之，2024版《民事诉讼法》吸收和借鉴了《人民法院在线诉讼规则》，在第16条对线上诉讼做了明确规定，该程序在庭审中给大家带来的困扰不会太多。

着墨该程序，一则是为了较为完整地反映我和同事代理本案过程中的重要程序节点；二则是想说明每个或大或小的环节都是案件不可或缺的部分，无论是否能够得到合议庭的准许，一切有利于案件审理的程序，都应当尽量争取，这也是对《律师法》要求之“勤勉尽责”的履行。

外一则：

在案件审理过程中，往往会发生一些看似细微的事情，如法院突然通知希望次日就某个程序进行谈话，或因审限将至，需在无法满足提前3日通知的情况下开庭。除非再跟当事人说明情况，当事人坚决同意，且我也认为有足够时间准备庭审，否则我会拒绝。个别同事曾经提醒我，这样做对法官显得有些无情，会导致他们的工作被动，也容易破坏法官对我们的印象，从而导致不利的后果。

以我的经验所见，同意不按法定程序进行的案件，法官并未有审理立场上的变化。

当然，我认为在类似的事情发生时，作为代理人需要首先考虑的问题是，如果程序违法会造成何种不利法律后果；如果无法阻止该程序，则突击开庭是否能够有充分的时间做庭审准备；如果没有充分的时间准备庭审，以何种方式维护自己的代理权及当事人的诉讼权利。

在一起民间借贷纠纷二审阶段，书记员提前2日通知开庭。收到传票后，我和同事提出了程序违法，要求延期审理的申请，未获合议庭同意。两日后，书记员电话问询是否到达法院，庭审即将开始。几天后，我方收到一周后开庭的传票。了解后得知，庭审当日，合议庭告知对方代理人我方提交了延期审理申请，无合理理由不到庭参加庭审，对方代理人知情后表示，如确实没有提前3日送达传票，属于程序违法，我方的申请符合民事诉讼法的规定，其不同意继续审理。

庭审前见到了这位令人敬重的同行。法律的尊严，需要每一位法律人用行动去维护。我们虽然依法提出了申请，但如果没有这位同行的挺身而出，维权之路恐怕至少还要多走几步。我常常会想，“勤勉尽责”是律师的底线，也是上限。在一个良好的司法环境中，律师能够勤勉尽责，便可以让良好的司法环境锦上添花；在一个待完善的司法环境中，律师能够勤勉尽责，便可以为打造良好的司法环境添砖加瓦。

（四）申请司法会计鉴定

前述第二部分已提及，由于A公司因B公司的违约行为遭受的损失难以达成一致，且其计算涉及财务、化工专业知识，故庭后我方提交了司法会计鉴定申请。在这里需要辨识一对概念：审计报告和司法会计鉴定。

实务中通常认为，审计报告属于鉴证业务，作用主要是判断鉴证对象是否符合标准，其虽然也对会计资料的真实性、完整性等进行评价，但整个审计过程更贴近于对财务信息的抄录或照相；而司法会计鉴定则属于鉴定业务，其需要对财务资料进行诊断，严格按照会计标准下相关会计要求对检材进行审查、检验、论证出具鉴定意见。

根据《中国注册会计师鉴证业务基本准则》之规定，鉴证业务是指注册会计师对鉴证对象信息提出结论，以增强除责任方之外的预期使用者对鉴证对象信息信任程度的业务。上述定义可从以下几个方面加以理解：（1）鉴证业务的用户是“预期使用者”，即鉴证业务可以用来有效地满足预期使用者的需求；（2）鉴证业务的目的是改善信息的质量或内涵，增强除责任方之外的预期使用者对鉴证对象信息的信任程度，即以适当保证或提高鉴证对象信息的质量为主要目的，而不涉及为如何利用信息提供建议。

根据《司法鉴定程序通则》，司法鉴定是指在诉讼活动中鉴定人运用科学技术或者专门知识对诉讼涉及的专门性问题进行鉴别和判断并提供鉴定意见的活动。司法鉴定程序是指司法鉴定机构和司法鉴定人进行司法鉴定活动的方式、步骤以及相关规则的总称。

综上可见，申请对A公司的损失进行审计和对损失进行司法会计鉴定，在法律依据、获取检材的方法、机构的资质要求、专家的诉讼地位及出具结论之证据效力上皆不相同。考虑到A公司的财务会计工作总体上合法规范，能够提交较为完整的财务资料，我方选择申请了证据效力更强的司法会计鉴定。

庭审过程中，合议庭认为案涉标的具有特殊性，庭后评估司法会计鉴定的可行性。

外一则：

在诉讼过程中，借助鉴证或鉴定方式解决专业性问题往往能够起到事半功倍的作用，但采取何种方式方法是代理人需花费时间论证的问题。

在一起刑民交叉的借款合同纠纷中，我和同事作为保证人的代理人参加庭审。由于借款交易达数万笔，且考虑到借款过程中有刑事犯罪因素，为了确保对财务资料鉴定标准的严格性和一致性，我方对借款交易过程及借款数额的确认申请了司法会计鉴定，合议庭未予以准许，转而决定委托会计师事务所进行专项审计。最终，审计报告以会计资料不完整为由，未做出审计结论。人民法院认为虽然审计结论无法得出，但会计师事务所作为专业机构，其在审计报告中陈述的审计过程及期间了解到的部分信息，可以作为认定案件事实的依据。然而，实务中，司法会计鉴定不会产生无法得出结论的后果，且其会通过对会计证据资料的检查、验证、鉴别、判断从而证明案件事实。

当然，所述案件案情极为复杂，社会影响较大，审理过程所需要兼顾的不仅仅是法律效果，还兼顾了社会效果，在此不作评价。对该程序做摘录，是希望与各位同行分享和交流关于选择适合的鉴证或鉴定方法对案件结果之不同影响。

关于申请鉴定的法律依据大致如下：

《民事诉讼法》

第七十九条　规定当事人可以就查明事实的专门性问题向人民法院申请鉴定。当事人申请鉴定的，由双方当事人协商确定具备资格的鉴定人；协商不成的，由人民法院指定。

当事人未申请鉴定，人民法院对专门性问题认为需要鉴定的，应当委托具备资格的鉴定人进行鉴定。

《最高人民法院关于民事诉讼证据的若干规定》（法释〔2019〕19号 自2020年5月1日起施行）

第三十条 人民法院在审理案件过程中认为待证事实需要通过鉴定意见证明的，应当向当事人释明，并指定提出鉴定申请的期间。符合《最高人民法院关于适用〈中华人民共和国民事诉讼法〉的解释》第九十六条第一款规定情形的，人民法院应当依职权委托鉴定。

第三十一条 当事人申请鉴定，应当在人民法院指定期间内提出，并预交鉴定费用。逾期不提出申请或者不预交鉴定费用的，视为放弃申请。

对需要鉴定的待证事实负有举证责任的当事人，在人民法院指定期间内无正当理由不提出鉴定申请或者不预交鉴定费用，或者拒不提供相关材料，致使待证事实无法查明的，应当承担举证不能的法律后果。

《民事诉讼法司法解释》

第一百二十一条 当事人申请鉴定，可以在举证期限届满前提出。申请鉴定的事项与待证事实无关联，或者对证明待证事实无意义的，人民法院不予准许。

人民法院准许当事人鉴定申请的，应当组织双方当事人协商确定具备相应资格的鉴定人。当事人协商不成的，由人民法院指定。

符合依职权调查收集证据条件的，人民法院应当依职权委托鉴定，在询问当事人的意见后，指定具备相应资格的鉴定人。

第一百二十二条 当事人可以依照民事诉讼法第八十二条的规定，在举证期限届满前申请一至二名具有专门知识的人出庭，代表当事人对鉴定意见进行质证，或者对案件事实所涉及的专业问题提出意见。

具有专门知识的人在法庭上就专业问题提出的意见，视为当事人的陈述。

人民法院准许当事人申请的，相关费用由提出申请的当事人负担。

第一百二十三条 人民法院可以对出庭的具有专门知识的人进行询问。经法庭准许，当事人可以对出庭的具有专门知识的人进行询问，当事人各自申请的具有专门知识的人可以就案件中的有关问题进行对质。

具有专门知识的人不得参与专业问题之外的法庭审理活动。

（五）庭审简报

根据华允律所内部制度要求，每次庭审结束后，当日或最晚次日，需向委托人提交庭审简报，写明案件审理的概况、要点，代理人感受到的庭审障碍，及庭后工作安排。

本案庭审进行了一天，我和同事所代理的A公司出具了19组证据，B公司出具了10组证据，我方厂区主管、技术负责人出庭作证，向法庭阐述了生产流程及B公司违约后所面临的原材料储存困难、设备维护保养费用高昂等导致的严重损失。

合议庭根据双方的事实陈述，总结了案件的三个焦点问题：（1）B公司作为加工承揽方，具有法定解除权，但其解除事由是否具有合理性，即合同解除的违约方是A公司还是B公司？（2）B公司主张返还原材料，客观上是否可以实现，返还方案的设计及因返还产生的费用由哪一方承担？（3）合同解除是否给A公司造成了损失，损失金额如何计算？

庭审印象大致如下：庭审当日上午的三分之二的时间，系B公司作为本诉原告出示证据，其主要观点为，选择合作对象不慎，签订合同并交付首批原材料后方发现A公司诉讼缠身，出于交易安全的考虑，其主张不安抗辩权解除合同。尽管我们在质证环节很用力，但合议庭明显被其陈述的事实所吸引，不经意流露出对B公司遭遇的同情，关切询问B公司当下的经营情况，并对我方的质证意见提出连续询问，充满质疑。午间休庭时，我方当事人表示人民法院可能存在维护当地企业利益的非中立立场。我和同事虽略有疑虑，但作为律师，我们不太想更多揣测法官的心理，甚至认为即使有潜在不利因素存在的可能性，仍然应当致力于在下午我方出示证据时扳回局面。

下午的庭审转到我方作为主场，在19组证据的出示过程中，合议庭保持非常专注的态度，并且对双方进行了多个维度的细节询问，包括交易前后的磋商、谈判、聊天记录，所涉化工行业的现状，双方在行业中所处的地位，双方参与交易的商务、技术、管理人员的专业能力认知水平，以及案涉产品的生产设备要求、原材料储存环境、合同解除后寻求新的商业机会难易程度等问题。

庭审结束后，我们可以确信的是，合议庭已经充分查明：（1）B公司主张合同解除具有法定权利，但其违约在先，需要承担由此给A公司造成的损失；（2）A公司无法完成原材料返还义务，B公司需为此寻求路径，并承担相应费用。

庭审中未能解决的问题是A公司的损失数额，合议庭建议双方庭后寻找并咨询专业机构能否对本案所涉损失进行评估或鉴定，合议庭也会向有关机构进行咨询。

2024年8月，我已经执业18周年，随着经验的积累和知识的丰富，对于每个案件越发如履薄冰，对于每一次庭审都心怀敬畏。感觉自己从来未能抱有松弛感面对过任何一个案件，心头的压力源自，我始终认为，我们作为代理人当然会全力以赴，但最终的审判结果是由委托人承受的。如果诉讼是一场赌博，我们负责出牌，赌注是他人的，赢了是他人赢走赌注，输了是他人满盘皆输。如果诉讼是一场搏斗，我们负责出场讲理，如果输了，是他人丧失了有形的、无形的资产或荣誉。所以，我总对自己说，诉讼对于律师来说，没有排练，只有实战，因为我们无权在维护他人利益的战斗中不竭尽全力。

说了很多用力的话，其实，我想强调的是委托人的知情权。在案件全流程中，无论是事实问题还是程序问题，及时与委托人进行沟通，听取委托人的意见，始终是非常要紧的事情。不仅因为委托人作为最直接的利害关系人有权利知道全部事实，并且有权在权衡利弊后作出选择，还因为我们作为律师应当遵守职业道德和职业纪律。我们经常形容一个值得信赖的人应该具有的品质是“凡事有交代，件件有着落，事事有回应”，这个要求，从某种程度上来说，对于律师是法定要求。

要求律师做好工作记录并应当及时向委托人通报委托事项办理进展情况的规定大致如下：

《律师执业管理办法》

第三十二条 律师出具法律意见，应当严格依法履行职责，保证其所出具意见的真实性、合法性。

律师提供法律咨询、代写法律文书，应当以事实为根据，以法律为准绳，并符合法律咨询规则和法律文书体例、格式的要求。

第三十三条 律师承办业务，应当告知委托人该委托事项办理可能出现的法律风险，不得用明示或者暗示方式对办理结果向委托人作出不当承诺。

律师承办业务，应当及时向委托人通报委托事项办理进展情况；需要变更委托事项、权限的，应当征得委托人的同意和授权。

律师接受委托后，无正当理由的，不得拒绝辩护或者代理，但是，委托事项违法，委托人利用律师提供的服务从事违法活动或者委托人故意隐瞒与案件有关的重要事实的，律师有权拒绝辩护或者代理。

第四十六条 律师承办业务，应当妥善保管与承办事项有关的法律文书、证据材料、业务文件和工作记录。在法律事务办结后，按照有关规定立卷建档，上交律师事务所保管。

《律师职业道德和执业纪律规范》

第二十四条 律师应当充分运用自己的专业知识和技能，尽心尽职地根据法律的规定完成委托事项，最大限度地维护委托人的合法利益。

第二十六条 律师应当遵循诚实守信的原则，客观地告知委托人所委托事项可能出现的法律风险，不得故意对可能出现的风险做不恰当的表述或做虚假承诺。

第二十七条 为维护委托人的合法权益，律师有权根据法律的要求和道德的标准，选择完成或实现委托目的的方法。

对委托人拟委托的事项或者要求属于法律或律师执业规范所禁止的，律师应告知委托人，并提出修改建议或予以拒绝。

第三十条 律师应当严格按照法律规定的期限、时效以及与委托人约定的时间，及时办理委托的事务。

第三十一条　律师应及时告知委托人有关代理工作的情况，对委托人了解委托事项情况的正当要求，应当尽快给予答复。

（六）法官打来复盘电话

我自2007年7月执业，这是迄今为止唯一一个法官打来的复盘电话。

2021年3月的一个午后，审判长打来电话问询我时间是否方便，他说浙江省高级人民法院告知上诉已撤回，那么一审判决就生效了，所以他希望能用20分钟到40分钟的时间对于一审审理过程做个复盘。

首先提及的是申请回避的问题。他说收到申请后，前任审判长是非常优秀的资深法官，也非常谦逊，其认为我方虽然所列事由并非法定事由，但其承认对案涉化工行业交易管理、产品特性等确实了解甚少，调解过程有失态表现并给我方造成缺失中立立场的不良后果。从院长角度看，则是因为前任审判长之前就职于涉外法庭，主要审理国际贸易合同，考虑到案涉产品具有挥发性，延长审理期限对案件明显不利，与其让法官边学边审，不如选择对该类案件较为熟悉的法官担任审判长更为适宜。由此，我们的回避申请得以支持。

接下来，审判长对司法会计鉴定申请未予支持做了说明。他认为本案中对损失进行鉴定具有必要性，也是查明损失数额的有效途径。庭审结束后，其咨询了全国多个专业机构，并向有关专业的国内高校学者请教，甚至咨询了境外2家专业机构，有能力对案涉标的进行鉴定的机构仅有两三家，愿意对案涉标的进行鉴定的机构仅有一家，且收费畸高。考虑到两家企业当下的经营皆陷入困境，无论谁垫付这笔费用还是最终谁承担这笔费用都是个沉重的负担，且最终鉴定能否成功尚取决于多个可变要素，其决定对我方的司法会计鉴定申请不予支持。

之后，审判长对酌定我方损失的方法做了说明。他谈到行业特殊性决定了A公司每一单生意都对企业具有生死攸关的决定性作用，其上下游企业的数量都是个位数，同行业企业数量也屈指可数，由于壁垒高，具有相对垄断性，该产业链条的企业利润率皆较高。此次合同解除的根本原因系外贸订单减少引发，B公司的产品没有买家，为了减损，其选择解除委托A公司生产，而由于整个行业的需求断崖式下滑，A公司停止生产后难以找到新的合作伙伴，直接损失和间接损失极为严重是肉眼可见的，但是将整个企业的损失全部归责于B公司的违约有失公平。作为特殊行业的掌舵者，不应将企业的生死攸关全部寄托于一个合同的履行。由此，根据我方提供的损失明细，合议庭对损失数额做了酌定性确认。

当然，审判长对我和同事在诉讼过程中的勤勉尽责表示了赞赏和肯定，也说一场精彩的庭审离不开每一位法律职业者的努力，他还说感谢我愿意接受他的复盘电话。

我想承认，这位法官用专业和温度深深打动了我，也让我对诉讼中的程序和实体问题有了新的思考。

万物皆有裂痕，那是光进来的地方。

附录 2

以当事人发问权为契机迈向协同主义
——读《当事人发问权理论与实务研究》

缘分是一场奇妙的境遇，不但有运气成分，更有相似的志趣、爱好、秉性脾气甚至共同的理念等综合因素。眼前这本《当事人发问权理论与实务研究》就是缘分的奇妙“化学反应”。

2018年年底我访学回来，首先应山东元华律师事务所马相龙主任的邀请到济南考察协商。2019年3月山东理工大学法学院与元华律师事务所举行签约仪式，设立山东理工大学法学院元华庭审研究中心。作为研究中心负责人，我在仪式上提出研究中心将紧跟司法改革脉动，注重法学理论界与实务界的互动融合，着力培养法律职业伦理素养与庭审实战技能兼备的优秀法科学子，突出庭审发问与言词辩论等技艺策略的养成，切实提高庭审质量与效率，真正实现庭审实质化，推动以审判为中心的诉讼制度改革，进而完善司法制度，提升司法公信力与权威。

紧接着在4月，庭审发问技巧与策略学术研讨会在山东理工大学召开，来自高校、律所、法院的学者、实务专家30余人与会，进行了一天的充分细致研讨。会议旨在探讨庭审发问的技巧与策略的行使，推进庭审发问作为一种双方当事人质证与辩论的权利与有效攻击防御手段，以帮助法官更全面查清案件事实，从而做出更公正合理的裁判。会后研究中心成员围绕研讨会论文集进行体系化修改编排，并召开书稿统筹会进行删补工作，争取成为以理论与实践相结合方式对当事人发问权进行深入细致阐述的专著。疫情期间马相龙主任认真通稿，历经一年半的精心打磨，专著得以呈现在读者面前。

在书稿的整个编排过程中，愈发感受到庭审集中审理价值的实现，需要当事人发问权与法官释明权的双重变奏。这是民事诉讼协同主义模式的体现：根据法院与当事人的权限配置与作用分担，充分发挥法官与当事人的主观能动性，法官对证据与诉讼请求提供释明审酌、当事人真实和完整陈述，双方形成有效的互动沟通合作的作用关系，协力促使发现案件事实真相与推进诉讼程序运行，从而节约司法资源，确保法官作出公正的判决。在刑事诉讼、行政诉讼中都具备引入协同主义诉讼模式的理论正当性与现实可行性，如在我国认罪认罚从宽制度与行政公益诉讼制度中的各方主体间的协同性。恰恰这本专著是对这种模式的较好实践与注解，也真诚希望司法实务界能充分关注当事人发问权的行使，以此为良好契机，迈向协同主义模式。对于民事诉讼中的协同主义，复旦大学杨严炎教授在2020年《中国法学》第5期发表的最新文章中也提出，协同主义诉讼模式在民事诉讼的诉答程序、争点整理程序和正式庭审程序等各个环节上的系统运用有助于实现集中审理，法院与当事人之间的权限划分和释明权的行使只有在此审理框架下进行研究才会更有价值，也更有助于在司法实务中的运用和引起实务界的关注。而当事人的发问，主要是针对对方自相矛盾之处和疑点展开，以帮助法官形成正确的心证，这样的庭审才能真正聚焦在案件需要排除的疑点上。

主编梁春丽法官亦认同协同主义诉讼模式，并在司法实践中积极运用这一先进庭审理念。她认为，当前协同主义民事诉讼模式中，当事人之间的发问、法官对当事人的发问、释明是协同型民事诉讼的重要部分，当事人发问权在该诉讼模式中有非常重要的意义和价值。（1）当事人发问有助于原告明确诉讼请求，找准据以援引的请求权基础。原告将其据以提出诉求的原因事实明确，被告有针对性地进行诉讼防御。如此，法官方可将案件的诉讼标的特定化，明确审判方向，防止审判散漫化。（2）当事人发问还有助于法官确认法律争点的位序性并及时调整争点。法律争点之间存在一定的逻辑关系，其解决存在先后之分，将其位序性确定好会降低审理难度，提高诉讼效率，也节约了司法资源，更好地保障当事人的程序利益。通过当事人发问还可能出现法律争点位序调整，简化审理程序。（3）当事人发问权和法官释明权争点的协同。上述第一点原告明确诉讼请求和第二点中争点的整理和调整，除了当事人之间的发问，也离不开法官的释明。协同主义民事诉讼模式本是当事人与法官协同完成诉讼资料的搜集，以发现案件真实，法官释明权的正确行使是诉讼过程中法官与当事人协同的重要表现。（4）保障当事人发问权有助于排除证据间的矛盾。民事诉讼中一般证据繁多，相互之间难免有冲突和矛盾之处，通过发问可以予以排除。（5）当事人发问有助于增强法官内心确认。不仅当事人发问的问题与回答，包括发问过程中的神态、语言、动作客观表现，都有助于法官自由心证，增强法官根据其他证据对事实的认定、对裁判结果的预判。

在此专著编订出版前，为使其中观点更贴近现实需求并试图更有效回应现实，我曾参与过两场学术研讨会，以汲取借鉴理论与实务专家的修改意见。在上海师范大学“司法改革论坛（2020·青年论坛）”上，我主要就庭审中当事人发问难问题发表意见，并指出当事人发问对法官预判认知偏差进行纠正的可能价值。华东师范大学法学院常务副院长吴泽勇教授对此作出细致点评：两大法系对当事人发问权规则的设置差别较大，在英美法系中当事人发问权是毋庸置疑的，不需要法官自由裁量，是当然的权利。而大陆法系庭审的主导权由法官掌握，法官对当事人的发问有一定的自由裁量权。在此理论背景之下讨论我国2019年《证据规定》，可以看出立法者将当事人发问权放在法官职权主义情景下进行规制，即当事人的询问请求需经法官同意。在安徽省侦查逻辑办案研究会主办的“坚持完善司法制度，服务保障中国之治”理论研讨会，我则主要围绕协同主义诉讼模式下当事人发问权的优化路径作了发言，安徽大学法学院副院长毕金平教授对此主要在问题意识、实证方法、制度设计等方面提出了批评性意见。

主编马相龙律师，在前言中以饱满的激情呼唤和拥抱大律师时代，谈到本书的目的就是期待更多的专家、学者以及法律实务工作者关注律师发问权问题，呼吁最高法院发布司法解释，完善当事人发问权制度。让我们听听执业律师们对这本书的看法，“就我目前了解到的关于当事人发问权的研究现状，该书应当是填补该领域空白之作！”“当事人发问权被大多数人漠视，我之前也没怎么关注，读了这本书，才意识到这是一个有巨大理论意义和实践价值的领域……”“这是一个全新的课题，而且会实质性引导诉讼以庭审为中心，引导诉讼律师的专业化和技术化——使得死磕没必要，勾兑见原形——对律师职业的长期良性发展，善莫大焉”等。显然，当事人发问权这个话题，在理论和实务界产生一定的影响，这是本书编委会最大的心愿。

缘分是偶然的也是注定的。浇灌心血，必有回响。总之，真诚期盼这本付出心血之作《当事人发问权理论与实务研究》，能引起更多理论学者与实务工作者的关注，借此以当事人发问权的完善为契机，逐步迈向协同主义诉讼模式。

韩振文

浙江工商大学法学院副教授、硕士生导师

原山东理工大学法学院元华庭审研究中心主任

附录 3

以当事人发问权为契机
构建全方位民事庭审技能体系

这本《当事人发问权制度探析》是《当事人发问权理论与实务研究》一书的姊妹篇，是对其从制度层面的进一步深化拓展。从架构脉络看，《当事人发问权理论与实务研究》探索的是当事人之间发问权“点”的问题，《当事人发问权制度探析》则是从发生场域与诉讼制度探索发问权“面”的问题，涉及全方位构建民事庭审技能体系。按马相龙律师来自实务的深刻观察，全方位民事庭审技能体系的构建，应该以发问权为核心，以阳明心学为哲学基础，以程序性事项影响裁判结果，以道御术以术得道。因此，本书的鲜明特色是对当事人发问权体系化的型塑建构，付出的智识心血和蕴涵的法治情怀可谓跃然纸上。

本书运用规范分析与实证分析相结合方法，主要从解释论和辅之立法论角度，结合众多真实发生的案例解析，围绕当事人发问权本身的规则体系、心学基础、中国化立法建议等，以及与当事人发问权紧密相关的诉讼模式与理念、经验法则运用、法官诉讼指挥权、诉讼设计等系统化展开。我国著名民法专家河山老师为本书作序，对当事人发问权体系化建构的意义，特别指出“是将传统意义上当事人阶段性的程序性权利向基本诉讼权利转化的研究”，“完善当事人庭审中的发问权，应该是司法改革的一个方向”，“本书的出版，能够引起法律界对民事庭审发问权问题的关注，进一步推进中国社会法治化的进程”。

围绕著作《当事人发问权理论与实务研究》我写了一篇书评，总的感受是提倡以当事人发问权为契机迈向协同主义。而在这本书中可以清晰看出协同主义理念潜移默化的嵌入与功用的指引发挥。以问题为导向在法治之路上下求索渐进推动。本人指导的研究生李梦蕾毕业论文选题就是专门研究当事人发问权问题。她通过采用调查、访谈、观察等量化方法，结合众多民事案例实证分析发现，发问权在我国审判实践中存在诸多难题：庭审过程僵化导致发问权行使条件缺失；出庭人员发问能力不足；当事人等不出庭影响发问效果；当事人及其代理人未能充分行使发问权。究其成因主要有：当前法律规定不清晰、不充分；部分当事人及其代理人未认识发问的功能；法官对当事人发问权的认识不足；被发问人不如实回答；发问人技能相对薄弱，等等。这些现实问题的凸显，恰恰反映出当事人发问权在现今中国仍有巨大的完善空间与理论挖掘拓展意义。这本书引发我至少两个方面新的思考，一是程序性事项与裁判结果的关系；二是数字时代诉讼权利行使面临的变革与挑战。

民事诉讼法及相关司法解释规定的程序性事项比较多，比如审理期限、回避、追加当事人、简易程序异议，等等。在虚假诉讼问题比较突出的当下，在民事案件中较真于程序性事项，确实能够实质性影响裁判结果，个案中若用好了，能起到良好效果。按马相龙律师的实务体会和见解，回避是程序性事项的核心。这种效果至少体现在能推进庭审实质化的司改目标，纠正法官心证偏差并降低不合理预判的负面影响。随着发问、对质、辩论等诉讼权利行使以及管辖、回避、人民陪审、合议等程序性事项推进，这样新增案情知识信息的综合深入掌握，并非绝对确定封闭的预判，可以被修正乃至击败推翻。预判结论被修正或推翻恰恰表明诉讼程序的制度设计乃不断加深对事实真相认识的过程，同时能降低审前程序中不合理预判对法官心证的负面影响。

发问权行使需要配套程序性事项的保障，如果违反程序性事项规定，侵犯程序性权利，可能引发严重程序不公，则须承担相应程序性法律制裁的后果。具体到发问权行使的程序性事项，除了一般提到的充分举证、质证等庭审证明外，还应关注当事人本人到庭令制度和诚信诉讼保证书制度，这也是当事人发问权的重要保障，并有利于庭审模式改革，一定程度上阻断程序空转现象。当事人通过程序性对抗，争取开庭机会，并且法官责令对方当事人到庭并释明法律后果。反面看，在对抗性程序中，不充分行使程序性权利与推进程序性事项运作，又如何体现对抗性。同时，程序性事项推进过程中也能突显法官的主观能动性，在进行自由裁量时，考量权衡好法律效果、社会效果的统一，这样更好践行司法为民理念，让人民群众在庭审中感受到公平正义。作为自然意义上具有有限理性的人都有认知惰性，而法官理性分析认知控制机制的激活，也需要当事人双方对抗信息的刺激，进行理性交互提供充分信息供给，来提示法官作出中立判断，减少法外因素等不当侵扰与消解经验直觉机制产生的认知偏差。对抗又需要在合理的程序性装置中进行，他不同于医生给病人看病，患者不怎么注重程序，但当事人却特别在意主观程序的感知，这是一种“看得见”的主观感知的程序正义。

在发问权行使的一系列程序性事项中，要调适好“公正与效率”的辩证关系，让人民群众感受到程序公正，感受到充分参与对话过程就是实质性解决纠纷的过程。每个案件看似简单，比如婚姻家庭纠纷、民间借贷等等，却涉及当事人的切身利益，“判重南山”不能都以“简案快审”的名义，牺牲掉程序性事项与程序性权利的保障，那么主观感知正义就更加匮乏，更何谈将普惠优质的司法服务送到人民群众家门口。

在看到通过当事人发问权可促进程序正义更好实现同时，有必要注意在数字时代传统程序正义可能发生的变革。数字技术滋生的不同于传统诉讼法的数字诉讼法正在兴起，传统的程序正义正面临冲击与重塑。人民法院审理民事案件，应当保障和便利当事人行使诉讼权利的原则将受到智能技术挑战，引发算法独裁与技术绑架风险。面对这种变革转型，须以风险预防为导向，进行技术（算法）正当程序的构建型塑，使技术的正当程序与传统程序正义的内在价值相契合贯通。

只问良知，无问东西。我们深知平凡微弱，终不悔致良知传播法治之光。在全面推进法治中国的新时代，法律为民众生活提供稳定的规范性预期，而在活生生的法治秩序中又浸润民众的体验、仪式感与敬畏。在法律人共同体的艰辛探索反思中，结合中华优秀传统文化创造性转化和创新性发展，法律信仰的全民根基会愈发牢固，法治之光会传播得更深更远。对此继续以完善当事人发问权为契机，顺势而为打造全方位民事庭审技能体系，以持续推动中国式法治现代化进程，在绵绵历史长河留下这个时代的平凡印记。

韩振文
浙江工商大学法学院副教授、硕士生导师
原山东理工大学法学院元华庭审研究中心主任